福建省"十四五"职业教育省级规划教材

中等职业教育汽车专业理实一体化系列教材

电动汽车结构与检修

（配实训工作页）

主　编　陈育彬　魏日成

副主编　姚明奇　曾耀华　刘亮亮

参　编　施明香　胡玉城　韩长江　余茂生

　　　　刘鹏帅　严　丽　叶顺美　许科龙

　　　　昝　强　黄浩秋　江连禧　翁智龙

机械工业出版社

本书以"岗课赛证"融通和中高职课程衔接为特色，以真实的生产项目、典型的工作任务和企业案例为载体组织教学单元，省级技能大师深入参与内容开发，车型包括吉利 EV300/450、比亚迪秦、比亚迪 e5、北汽 EX360/EU260 和大众 ID.4，让学习者能够掌握常见电动汽车的共性与区别。

本书共 7 个项目，含 17 个学习任务，配有实训工作页。本书彩色印刷，图片清晰美观，内容新颖全面，同时以二维码的形式嵌入教学视频资源，方便读者深入学习。

本书可作为职业院校新能源汽车运用与维修专业及汽车类相关专业的教学用书，也可作为技工学校、技师学院和汽车维修企业培训教材，还可作为汽车后市场相关从业人员的学习参考书。

图书在版编目（CIP）数据

电动汽车结构与检修：配实训工作页 / 陈育彬，魏
日成主编. — 北京：机械工业出版社，2023.1（2025.8重印）
中等职业教育汽车专业理实一体化系列教材
ISBN 978-7-111-72556-5

Ⅰ.①电…　Ⅱ.①陈…　②魏…　Ⅲ.①电动汽车 – 结构 –
中等专业学校 – 教材　②电动汽车 – 车辆修理 – 中等专业学
校 – 教材　Ⅳ.①U469.72

中国国家版本馆CIP数据核字（2023）第010514号

机械工业出版社（北京市百万庄大街22号　邮政编码100037）
策划编辑：齐福江　　　　　　责任编辑：齐福江
责任校对：李　杉　王　延　　封面设计：陈　沛
责任印制：张　博
固安县铭成印刷有限公司印刷
2025年8月第1版第3次印刷
184mm×260mm·16印张·268千字
标准书号：ISBN 978-7-111-72556-5
定价：59.90元（含实训工作页）

电话服务　　　　　　　　　　网络服务
客服电话：010-88361066　　机 工 官 网：www.cmpbook.com
　　　　　010-88379833　　机 工 官 博：weibo.com/cmp1952
　　　　　010-68326294　　金 书 网：www.golden-book.com
封底无防伪标均为盗版　　机工教育服务网：www.cmpedu.com

本书编写组在深入研究新能源汽车维修企业售后服务标准、新能源汽车运用与维修专业相关教学标准、新能源汽车维修技能大赛规程以及"1+X"汽车运用与维修技术（含新能源汽车）考核标准的基础上，以打造新能源汽车精品教材为目标，促进中高职衔接教材建设为要义，开展"岗课赛证"融通和数字化融媒体教材建设，以真实的生产项目、典型的工作任务和企业案例为载体来组织本书的教学单元，进而确定每个任务的知识目标、技能目标和素养目标。

总体来看，本书具有如下特点：

1. 注重素质教育，在教材中融入素质教育，促进学习者核心素养的达成。

2. 注重理实结合，具有多年产教融合型企业教学和实践经验的省级技能大师、企业技术骨干深入参与教材开发，将新技术、新工艺、新理念纳入教材，体现了双元式教材开发思路。

3. 注重中高职衔接。本书所介绍的车型不仅包括近几年中职院校职业技能大赛的比赛车型（例如吉利 EV450、大众 ID.4），而且包括高职院校职业技能大赛的比赛车型以及常见教学车型，例如吉利 EV300、全新比亚迪秦、比亚迪 e5、北汽 EX360/EU260，让学习者能够掌握常见电动汽车的共性与区别。

4. 注重岗、课、赛、证的融通。本书不仅融入了电动汽车售后服务企业的作业标准和维修案例，而且融入职业技能大赛和"1+X"汽车运用与维修技术证书考核的标准，以"引导、递进、开放"的精巧设计，使得教材结构更加完善，实操考核项目更注重实践性，教学内容更符合职业教育教学规律。

5. 配有丰富的学习资源。本书配有电子课件、电子教案、微课视频、维修操作视频、在线考核等资源，方便教师授课和提升学生学习效果。可在机械工业出版社教育服务网（www.cmpedu.com）注册后下载。

6. 注重评价，发挥实践训练与综合评价功能，促进学习者全面发展。基于新能源汽车运用与维修专业核心素养和教学质量要求，分层设计"安全 /7S/ 态度""专业技能""工具及设备的使用能力""资料、信息查询能力""数据判读和分析能力""资讯获取与分析能力""自我反思与学习能力"7个评价维度，更好地发挥综合评价的功能，促进对学习者核心素养测试的探索，体现"以学生发展为本"的理念，不仅适合教师教学，而且适合学习者自学。

本书编写组凝聚了高等职业院校专家教授、中等职业院校教学名师、职业技能大赛评委、产教融合型企业技术骨干、省级技能大师等多方力量联合开发教材，具有高职院校、中职院校、产教融合型新能源汽车维修企业教学及培训经验积累的综合优势。内容编排深入浅出、图文并茂。编写组丰富的教学和实践经验、珍贵的教学和维修实践心得，让本教材的内容更加符合职业教育的实际。

本书由陈育彬、魏日成担任主编，姚明奇、曾耀华、刘亮亮任副主编，参与编写的有施明香、胡玉城、韩长江、余茂生、刘鹏帅、严丽、叶顺美、许科龙、昝强、黄浩秋、江连禧、翁智龙。在本书编写过程中得到了众多企业一线技术专家、职业院校、教学名师、学生以及企业员工的热忱帮助，得到了机械工业出版社的鼎力支持。在此，我们特向提供帮助的各方人士表示由衷感谢！

教材必须随着电动汽车技术和生产工艺的发展动态更新。由于涉及车型内容较新，且编者水平有限，书中难免有不足之处，恳请相关领域专家和广大读者批评指正。

编　者

二维码目录

（续）

素材名称	二维码	页码	素材名称	二维码	页码
整车控制器性能检测		144	直流充电系统线路检测		169
整车控制器通信故障		152	充电系统检修案例		189
直流充电接口及线束的拆装		154	空调压缩机的维护与拆装		191
新能源汽车充电操作注意事项		166	电动压缩机检测		193
蔚来电动汽车换电技术		168	电动空调压缩机的检修流程		197

CONTENTS
目　录

电动汽车高压安全防护

任务一 电动汽车认知

📝 任务目标

知识目标

1）了解电动汽车的概念和主要类型。

2）熟悉纯电动汽车的主要组成部件。

3）熟悉混合动力电动汽车的类型、工作模式。

4）了解燃料电池电动汽车的总体构造。

技能目标

1）注重培养启发思维和独立思考的能力。

2）提升对电动汽车整车构造知识进行梳理的能力。

素养目标

1）通过了解电动汽车，能体会到电动汽车的一些共性与创新。

2）提高环境保护意识，对未来电动汽车的技术路线能够发表自己的观点。

3）引导学生热爱工作岗位，具有服务意识和奉献精神。

📝 任务导入

一辆新能源汽车到店里做常规检查，作为维修技师，你能够介绍这辆新能源汽车的类型以及高压部件的相关内容吗？

知识储备

一、电动汽车的定义

根据国家标准 GB/T 19596—2017，纯电动汽车、混合动力电动汽车、燃料电池电动汽车总称为电动汽车，英文为 Electric Vehicle，简称 EV，如图 1-1-1 所示。

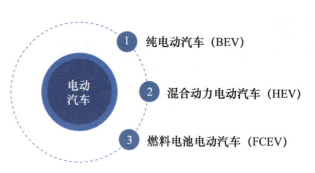

1 纯电动汽车（BEV）

2 混合动力电动汽车（HEV）

3 燃料电池电动汽车（FCEV）

图 1-1-1　电动汽车的分类

二、纯电动汽车

纯电动汽车是指驱动能量完全由电能提供的、由电机驱动的汽车，电机的驱动电能来源于车载可充电储能系统或其他能量储存装置，其代表车型有蔚来 ES6/ES8、广汽合创 007/Z03、比亚迪秦、吉利帝豪 EV450/Pro，以及一汽 - 大众 ID.4 CROZZ、特斯拉 Model 3、宝马 i3 等。

纯电动汽车的高压用电部件包括：动力电池、驱动电机、驱动电机控制器、高压配电箱、DC/DC 变换器、车载充电机、空调压缩机、PTC 加热器等。目前，许多电动汽车将电机控制器、高压配电箱、车载充电机、DC/DC 变换器集成在一起，形成动力电子单元（PEU）或高压电控总成，又称为"四合一"，代表车型为北汽 EU260 和比亚迪 e5。也有将高压配电箱、车载充电机、DC/DC 变换器集成在一起，形成"三合一"，代表车型为 2020 款比亚迪秦、2019 款比亚迪 e5，称之为充配电总成。

1. 动力电池

纯电动汽车的高压动力电池一般安装在车辆底盘下方。图 1-1-2 所示的是 2021 款一汽 - 大众 ID.4 动力电池。高压动力电池有 3 个橙色的高压接口，分别是直流母线插接器、辅助用电插接器、直流充电插接器，高压线束及接口具有明显的橙色标识。

直流充电插接器
辅助用电插接器
直流母线插接器

图 1-1-2　一汽 - 大众 ID.4 动力电池及其高压接口

纯电动汽车的动力电池及管理系统由动力电池、高压继电器盒、电池管理系统（BMS）组成。动力电池的性能好坏直接影响车辆的续驶能力和安全性。动力电池及管理系统实时采集、处理、存储电池组运行过程中的重要信息，与外部设备如整车控制器（VCU）交换信息，解决电池系统中安全性、可用性、易用性、使用寿命等关键问题。主要作用是提高电池的利用率，防止电池出现过度充电和过度放电，延长电池的使用寿命，监控电池的状态。

目前大多数电动汽车的动力电池总成由多组电池模组成型，且每个模组由多个电芯串并联构成，每个单元间使用缓冲垫进行隔离。例如 2016 款宝马 i3 采用 94A·h 高压动力电池，有 8 个电池单元模块，每个模块由 12 个单体电池组成，单体电池额定电压为 3.65V，共 96 个锂离子电池串联组成额定电压为 350.4V 的动力电池。北汽 EU260 动力电池有 18 个电池模组，电芯总数量为 270 颗，其中 3 并 3 串（3P3S），共 6 个模组；3 并 6 串（3P6S），共 12 个模组。单体标称电压为 3.65V，动力电池的标称电压为 330V，如图 1-1-3 所示。

以吉利 EV450 采用的宁德时代镍钴锰（NCM811）三元锂电池为例（图 1-1-4），单体电池额定电压为 3.6V，充电循环达 1.5 万次，具有超强范围温度适应性。每组电池配备电压传感器、温度传感器，可以实时检测电池的电压和温度。动力电池总成安装在车辆底盘下方，这对动力电池的防护等级要求比较严格，防尘防水等级一般在 IP67 或者 IP68。动力电池的冷却方式一般为液冷，部分车型采用空调制冷剂进行冷却（例如宝马 i3）。

图 1-1-3　北汽 EU260 动力电池模组及　　图 1-1-4　吉利 EV450 动力电池
　　　　　管理器（BMS）

2. 驱动电机

驱动电机是电动汽车的核心部件之一，在电动汽车上起到了驱动车辆前进与后退的作用，并且能够回收制动能量。目前，在电动汽车上广泛采用的是永磁同步电机和交流异步电机。驱动电机主要由转子、定子、温度传感器、旋转变压器及金属外壳等构成。驱动电机接收电机控制器（MCU）的控制指令，带动减速器运转，驱动车辆前进、后退等。一汽–大众ID.4 CROZZ后轮驱动电机及减速器如图1-1-5所示。

驱动电机有风冷和水冷两种冷却方式，大功率一般采用水冷，小功率采用风冷，目前绝大部分纯电动汽车的驱动电机采用水冷。电机温度传感器主要检测电机内部温度，将信号送至电机控制器，再由电机控制器发送相应请求至整车控制器，进而控制电机冷却系统中的冷却液泵和电子风扇，调节电机工作温度。如果温度过高，通过CAN通信网络送至数字仪表显示电机过热的故障信息，电机控制器会限制电机的功率输出，超过一定界限会关闭输出。

旋转变压器检测电机转子的位置，经过电机控制器内旋变解码器解码后，电机控制器确定电机当前转子位置，控制相应的绝缘栅双极型晶体管（IGBT）导通，按顺序向电机定子线圈施加三相高压电，驱动电机旋转。若旋转变压器出现断路故障，则车辆无法上"READY"或"OK"电，无法正常行驶。2020款比亚迪秦的驱动电机旋转变压器和温度传感器如图1-1-6所示。

图1-1-5 一汽–大众ID.4 CROZZ 后轮驱动电机及减速器　　　　图1-1-6 比亚迪秦旋转变压器和温度传感器

集成式电驱动系统，简称集成电驱，即将电机和电机控制器集成到一个单元中，这是驱动电机和电机控制器集成化设计的一个重要方向，它具有更少的组件、更大的灵活性、更低的制造成本等优点。集成化设计可以有效地减小电驱动系统的体积、降低系统总质量，整车结构更为紧凑，安装尺寸和所占体积得到进一步缩减，并且集成化设计有助于消除有关驱动器/电机兼容性、电缆长度和其他系统选择问题。代表车型有2020款比亚迪秦、大众ID.4、广汽合创007等车型。

3. 电机控制器

电机控制器是一个既能将动力电池中的直流电转换为交流电以驱动电机，同时能够将车轮旋转的动能转换为电能（交流电转换为直流电）给动力电池充电的设备。电机控制器接收整车控制器的控制指令，对 IGBT 进行控制产生三相高压交流电，并接收电机的旋变信号、温度信号，实现对电机的精确控制。吉利 EV450 电机控制器如图 1-1-7 所示，实际上它是一个"二合一"，即在电机控制器内部集成了 DC/DC 变换器。北汽 EU260 电机控制器集成在动力电子单元内部，如图 1-1-8 所示。

图 1-1-7 吉利 EV450 电机 控制器　　图 1-1-8 北汽 EU260 动力电子单元

4. 高压配电箱

高压配电箱的功用是将动力电池的高压直流电分配给整车高压电器使用，其上游是动力电池，下游包括电机控制器、DC/DC 变换器、PTC 加热器、电动压缩机、漏电传感器，同时也将电机控制器和车载充电机的高压直流电分配给动力电池。

（1）"四合一"内的高压配电箱　"四合一"，即电机控制器、DC/DC 变换器、车载充电机、高压配电箱集成在一个总成内部，代表车型为北汽 EU260 和比亚迪 e5 电动汽车。比亚迪 e5 的"四合一"称为高压电控总成，北汽 EU260 的"四合一"称为动力电子单元。

如图 1-1-9、图 1-1-10 所示，2017 款比亚迪 e5 高压电控总成（"四合一"）内的高压配电箱由铜排连接片、接触器、霍尔式电流传感器、预充电阻构成。根据车型不同，预充电阻的安装位置有所不同，有些车安装在动力电池总成的高压配电箱内部，有些集成在动力电子单元或高压电控总成内部。

图 1-1-9　比亚迪 e5 高压电控
总成

图 1-1-10　2017 款比亚迪 e5
高压配电箱

（2）"三合一"内的高压配电箱　2020 款比亚迪秦与 2019 款比亚迪 e5 的充配电总成位于前机舱内、驱动电机控制器上方，充配电总成又称"三合一"，即将车载充电机、高压配合箱、DC/DC 变换器集成在一个总成内部。

（3）"二合一"内的高压配电箱　吉利 EV300 和 EV450 将分线盒集成在车载充电机内部，分线盒的作用类似于低压供电系统中的熔丝盒。高压分线盒的功能包括：高压电能的分配、高压回路的过载及短路保护。

吉利 EV450 的车载充电机分配盒将动力电池总成输送的电能分配给电机控制器、空调压缩机和 PTC 加热器。此时，交流慢充时，充电电流也会经过分线盒流入动力电池为其充电。分线盒内通常对电动压缩机回路、PTC 加热器回路、交流慢充回路各设有一个 40A 熔断器。当上述回路电流超过 90A 时，熔断器会在 15s 内熔断；当回路电流超过 150A 时，熔断器会在 1s 内熔断，保护相关回路。

5. 车载充电机

固定地安装在车上的充电机称为车载充电机，英文为 on-board charger，简称 OBC。当车辆处于交流充电模式下，车载充电机工作时将高压交流电转化成高压直流电，为动力电池充电。在交流电转化为直流电的过程中会产生大量的热量，因此车载充电机需要设计相应的冷却方式，例如风冷或水冷，大部分车载充电机采用水冷，在车载充电机内部设计有冷却液道，通过冷却液的循环降低车载充电机的工作温度。

目前国内车载充电机功率主要有 3.3kW、6.6kW，其他还有 2kW、10kW、20kW、40kW 等。例如吉利 EV300 采用功率为 3.3kW 和 6.6kW（2017 款）的车载充电机，吉利 EV450 采用功率为 6.6kW 的车载充电机（图 1-1-11）。如

图 1-1-12 所示，北汽 EU260 采用 2 个 3.3kW 车载充电机，安装在动力电子单元下方。2020 款比亚迪秦的车载充电机集成在充配电总成内部。由此可见，车载充电机既可以设计为一个独立零部件，也可以同其他零部件集成在一个盒体内。

图 1-1-11　吉利
EV450 车载充电机

图 1-1-12　北汽 EU260 车载充电机（OBC）

6.DC/DC 变换器

降压型 DC/DC 变换器的功能是将电池的高压电转换为低压电，为整车低压系统供电，它替代了传统燃油车挂接在发动机上的 12V 发电机，和低压蓄电池并联给各用电器提供低压电源。DC/DC 变换器在上"READY"或"OK"电时、充电时（包括交流充电、直流充电）、智能充电时都会工作，输出标定电压 13.8V，以辅助低压 12V 蓄电池为整车提供低压电源。

DC/DC 变换器既可以作为一个独立零部件，也可以与其他零部件集成在一个盒体内，例如 2020 款比亚迪秦将 DC/DC 变换器集成在充配电总成内部（图 1-1-13），吉利 EV300/450 将 DC/DC 变换器集成在电机控制器内部，北汽 EU260 将 DC/DC 变换器集成在动力电子单元内部，2015 ～ 2018 款比亚迪 e5 则集成在高压电控总成内部（图 1-1-14）。

图 1-1-13　比亚迪秦充配电总成
内的 DC/DC 变换器

DC/DC 变换器

图 1-1-14　比亚迪 e5 DC/DC
变换器

7. 电动空调压缩机、PTC加热器

目前，纯电动汽车采用的空调压缩机类型大多数为电动涡旋式，压缩机控制器与压缩机集成一体（图1-1-15），通过电机自身的旋转带动涡旋盘压缩，完成制冷剂的吸入和排出，为制冷循环提供动力。制热系统通常采用PTC加热器，通过对冷却液进行加热后送往暖风箱内（图1-1-16）。

PTC加热器

图1-1-15　吉利EV450电动空
调压缩机

图1-1-16　比亚迪秦PTC加热器

三、混合动力电动汽车

1. 混合动力电动汽车的定义

根据国家标准GB/T 19596—2017，混合动力电动汽车指能够至少从下述两类车载储存的能量中获得动力的汽车：可消耗的燃料、可再充电能/能量储存装置。混合动力技术这一术语的通用含义是指内燃机和电力驱动的组合，即目前广泛应用的油电混合电动汽车。

2. 混合动力电动汽车的分类

（1）按照混合程度分类　按照混合程度，混合动力电动汽车可以分为轻度混合动力驱动、中度混合动力驱动、重度混合动力驱动。不同混合程度的混合动力电动汽车性能比较见表1-1-1。

1）轻度混合动力驱动。这类混合动力的电动部件（电动起动机/发电机）仅用来启用起动/停止功能。在制动过程中，部分动能将转化为电能（能量回收），但是无法仅靠电力驱动。起动机和12V蓄电池的特性经过了调整，以适应频繁的电机起动，即更换这类蓄电池应该购买带有起停功能的蓄电池。

表 1-1-1　不同混合程度的混合动力电动汽车性能比较

混合动力类型 （性能范围）	轻度混合动力 （约 2 ~ 10kW）	中度混合动力 （约 15 ~ 30kW）	重度混合动力 （约 20 ~ 75kW）
起动 / 停止	●	●	●
再生制动	●	●	●
超级加速		●	●
通过电力驱动			●
减少耗油量	●	●	●

2）中度混合动力驱动。这类混合动力系统的电动机可协助内燃机，但是无法仅靠电力驱动。对于中度混合动力驱动，制动过程中产生的动能中有很大一部分得以回收，并以电能形式存储在高压蓄电池内。高压蓄电池和电气元件是为较高电压而设计的，因此适合于较高的功率级别。与轻度混合动力驱动的差异在于，中度混合动力驱动系统可以实现超级加速模式。

图 1-1-17 所示的是 2010 款奔驰 S400 Hybrid 中度混合动力系统，该车配备了与发动机和变速器机械连接的永磁同步电机，电机额定功率为 15kW，额定电压为 126V，高压蓄电池由 35 个锂离子电芯串联形成 126V 的高压蓄电池。永磁同步电机和 3.5L 发动机所提供的功率可以进行叠加，在需要时提供超级加速

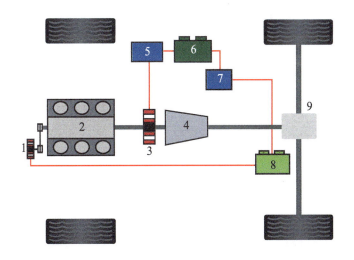

图 1-1-17　奔驰 S400 Hybrid 中度混合动力系统

1—12V 发电机　2—内燃机　3—永磁同步电动机　4—7 速自动变速器　5—电力电子模块
6—高压蓄电池模块　7—DC/DC 变换器模块　8—12V 蓄电池　9—差速器

模式（升压模式），但是仅使用电动机无法驱动车辆。这款车在市场上的保有量比较多，高压系统（例如高压蓄电池、电力电子单元）的故障率也很高。

3）重度混合动力驱动。在此类型中，功率强大的电机与内燃机相结合，可仅靠电力驱动行驶，而且车辆行驶距离只取决于高压蓄电池能量的大小。需要时，在驾驶员发出转矩请求后，电机可协助内燃机使车辆获得更大的驱动转矩。低速行驶时，车辆可以单独靠电力行驶，内燃机在不需要工作时可以关闭，混合动力管理系统可决定内燃机何时需要再次打开。同其他混合动力系统一样，该类型能够通过制动能量回收对高压蓄电池充电。目前，市面上大多数新款混合动力汽车属于重度混合动力驱动类型。如图1-1-18所示，保时捷混合动力车辆属于并联重度混合动力系统。

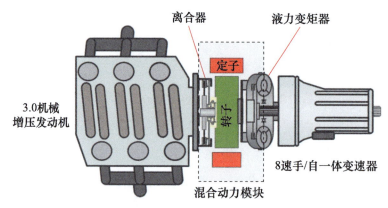

图1-1-18　保时捷重度混合动力系统

（2）按照动力系统结构型式分类　按照动力系统结构型式，混合动力电动汽车可分为串联式、并联式、混联式混合动力电动汽车，这种分类方式一般仅适用于重度混合动力驱动系统，因为轻度混合、中度混合动力电动汽车无法仅靠电力驱动。

1）串联式混合动力电动汽车（SHEV）：车辆的驱动力只来源于电机的混合动力电动汽车。内燃机和车轮之间没有连接，因此车辆由电机驱动。内燃机可始终在最佳工作范围内工作，并为发电机产生机械能，供应给电机的功率直接来自发电机，或者来自高压蓄电池。如果高压蓄电池的电量太低，内燃机将起动并通过发电机为高压蓄电池充电。增程式混合动力电动汽车属于串联式混合动力电动汽车。

2）并联式混合动力电动汽车（PHEV）：车辆的驱动力由电机及发动机同时或单独供给的混合动力电动汽车。如图1-1-18所示，保时捷Hybrid混合动力电动汽车在内燃机和传动系统之间安装了混合动力模块，长度只有约15cm，该混合动力模块中包含一个分离式离合器，这样混合动力管理系统便可中断内燃机和电机之间的动力传输。

3）混联式混合动力电动汽车（CHEV）：同时具有串联式和并联式驱动方式的混合动力电动汽车，这种混合动力驱动系统具有一台内燃机和两台电机，需要时可启用第二台电机来驱动车辆。

（3）按照外接充电能力分类　按照外接充电能力，可分为可外接充电式混合动力汽车、不可外接充电式混合动力汽车。插电式混合动力电动汽车属于可外接充电式混合动力汽车。

（4）按照行驶模式的选择方式　按照行驶模式的选择方式，可以分为有手动选择功能、无手动选择功能的混合动力电动汽车。

（5）增程式电动汽车　增程式电动汽车是一种在纯电动模式下可以达到其所有的动力性能，而当车载可充电储能系统无法满足续驶里程要求时，打开车载辅助供电装置为动力系统提供电能，以延长续驶里程的电动汽车，且该车载辅助供电装置与驱动系统没有传动轴（带）等传动连接。增程式电动汽车的代表车型有理想ONE、别克VELITE5、广汽传祺GA5、宝马i3、雪佛兰沃蓝达等车型。

3. 混合动力系统的工作模式

混合动力驱动系统各种驱动模式的当前动力流可在仪表或中央信息显示屏显示单元上加以显示，工作模式可以分为：内燃机驱动、电力驱动、超级加速、能量回收、自动起动/停止。

1）内燃机驱动模式（Combustion Engine Driving Mode）：动力仅由内燃机流向驱动轴（后轴或前轴，或四驱的前、后轴）。如图1-1-19所示，内燃机工作后为车辆提供动力源，高压蓄电池以电机的发电模式同步进行充电。

2）电力驱动模式（Electric Power Driving Mode）：动力仅由电动机流向驱动轴，内燃机没有工作。仅重度混合动力电动汽车和插电式混合动力电动汽车具有这种模式。如图1-1-20所示，在电力驱动模式下，高压蓄电池向动力电子单元提供高压电，动力电子单元将高压直流电转换为三相交流电至混合动力模块的永磁同步电机，电机运转经过8速变速器、分动器，将动力传递给前、后轴驱动轮，此时发动机不需要运转。

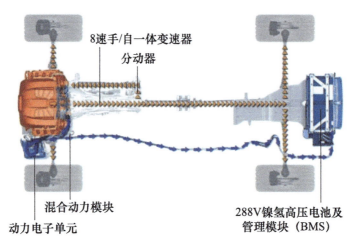

图 1-1-19　内燃机驱动模式

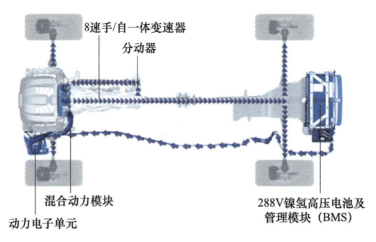

图 1-1-20　电力驱动模式

3）超级加速模式（Boost Mode）：如图 1-1-21 所示，动力由内燃机和电动机流向驱动轴。高压蓄电池对电动机供电，然后由电动机产生驱动转矩，以对内燃机所产生的转矩提供支持，所提供超级加速支持的持续时间和强度取决于高压蓄电池的电量和加速踏板的位置。

4）能量回收模式（Recuperation Mode）：如图 1-1-22 所示，动力由驱动轴流向电动机，电动机被用作高压发电机来产生电能。由此产生的三相交流电压被动力电子单元转换为直流电压，以便对高压蓄电池充电，从而电动机将车辆的动能转化为电能。

5）自动起动 / 停止模式：如果车辆不需要任何驱动能量，且驱动系统的相关系统未发出任务请求，则发动机会自动停机。中度混合动力与重度混合动力系统在控制策略方面差别较大。

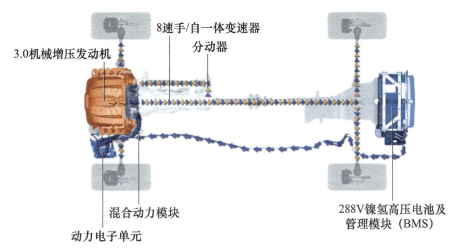

图 1-1-21　超级加速模式

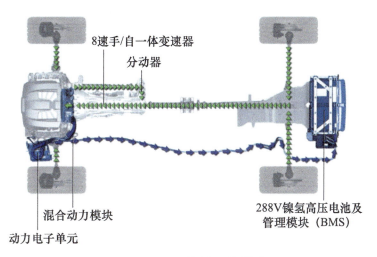

图 1-1-22　能量回收模式

以 2010 款奔驰 S400 混合动力汽车（中度混合动力）为例，只有满足以下条件时，才能进行发动机自动停机：内燃机正在运转、电动机工作、高压蓄电池的电量足以重新起动发动机、内燃机的温度传感器提示已经达到工作温度、发动机舱盖关闭、变速箱档位置于"D"或"N"位、车速降至规定阈值以下。以下因素会触发发动机自动起动：松开制动踏板、踩下加速踏板、超出规定车速范围、打开驾驶员车门或座椅安全带锁扣等。

4. 典型混合动力系统介绍

（1）混合动力电动汽车的识别　混合动力电动汽车标识如图 1-1-23 所示，通常在车身后盖及车身侧面有英文"hybrid"（混合动力）的标识。

（2）保时捷混合动力系统介绍　以保时捷卡宴机械增压混合动力车辆（Cayenne S Hybrid V6-3.0）为例，它使用额定电压为 288V 的镍氢电池（NiMH），单体电池电压为 1.2V，共有 240 个这样的单体电池组成 288V 的电池组。如图 1-1-24 所示，该电池组安装在行李舱内，采用风冷的方式，两个电子冷却风扇位于动力电池组后方，通风管道位于动力电池前方。高压动力电池通过高压电缆向发动机左侧的动力电子单元（PEU）提供高压电源。保时捷混合动力系统的主要部件如图 1-1-25 所示。

图 1-1-23　混合动力汽车的标识

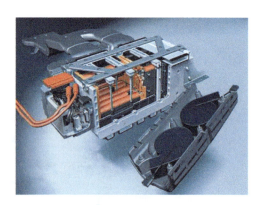

图 1-1-24　保时捷镍氢电池及冷却风扇

图 1-1-25　保时捷混合动力系统

混合动力模块安装在发动机与变速器之间，其构造主要包括永磁同步电机的定子、转子、混合动力模块外罩、带有液压分离装置的离合器压盘、离合器片、飞轮等（图 1-1-26）。

图 1-1-26 保时捷混合动力模块

四、燃料电池电动汽车

燃料电池电动汽车是指以燃料电池系统作为单一动力源或者是以燃料电池系统与可充电储能系统作为混合动力源的电动汽车。提到氢，大家可能会联想到"两弹一星"的氢弹，1967 年 6 月 17 日上午，我国第一颗氢弹爆炸成功。氢弹的威力如此之大，为什么氢能够用在电动汽车上呢?

1. 燃料电池的工作原理

以氢 - 氧型燃料电池为例，其基本原理是氢氧反应产生的吉布斯自由能直接转化为电能。如图 1-1-27 所示，燃料电池的化学反应原理为:

1) 氢气（H_2）通入阳极，在催化剂作用下，一个氢分子分解为两个氢离子（H^+），并释放出两个电子（e^-）。

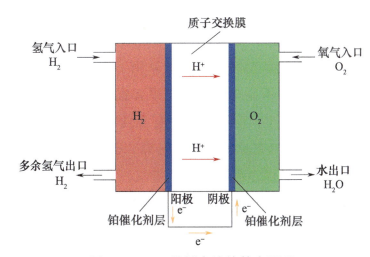

图 1-1-27 燃料电池的基本原理

2）在电池另一端，氧气或空气到达阴极，同时，氢离子穿过电解质到达阴极，电子通过外电路到达阴极。

3）在阴极催化剂的作用下，氧气和氢离子与电子发生反应生成水（H_2O）。在发电过程中产生的水，驾驶员可以选择在合适的地方排出。

总而言之，空气中的氧气以及储氢罐输出的氢气在发电装置内发生化学反应，产生的电能输送给电动机用于驱动车辆，剩余的电能储存在电池中，用于车辆急加速或为车上的用电设备供电，化学反应之后产生的水直接排出车外即可。

2. 丰田 Mirai 氢燃料电池电动汽车

日本丰田旗下首款氢燃料电池车 Mirai 于 2014 年 12 月 15 日上市，2020 年 12 月 Mirai 发布了第二代氢燃料电池车型。如图 1-1-28 所示，从行李舱盖上可以看到英文标识"FUEL CELL"，打开前机舱后，同样可以看到显示的英文标识"FUEL CELL"，即燃料电池。

a）行李舱标识　　　　　　b）前机舱燃料电池堆（FC Stack）

图 1-1-28　第二代 Mirai 的燃料电池标识

Mirai 第一代氢燃料电池车安装了 2 个储氢罐，一个布置在后排坐垫下方，另一个在行李舱内。第二代氢燃料电池车型采用了 3 个储氢罐来储存氢气，比上一代增加了一个储氢罐，所以车辆的续驶里程也增加了 30%，同时燃料电池堆的输出功率密度为 5.4kW/L，而第一代仅有 3.5kW/L。如图 1-1-29 所示，第二代 Mirai 氢燃料电池电动汽车新增加的储氢罐，布置在中控台正下方。

氢燃料电池电动汽车的储氢罐里装满了氢气，为了确保安全，Mirai 汽车的储氢罐采用碳纤维 + 聚合物联合制造，碰撞强度是传统钢材的 5 倍，并配有传感器，一旦出现高强度撞击，可配合泄压阀将氢气释放至大气中。

Mirai 的最大亮点就是丰田燃料电池堆动力系统（Toyota FC Stack，TFCS）。

它是将氢气与氧气结合产生的化学能转化为电能，再通过电机控制器和驱动电机转化为机械能，所以说，Mirai 动力还是来自电能，与传统的电动车相比，Mirai 更加环保。

第一代氢燃料电池电动汽车的核心是驾驶舱底部的燃料电池堆（FC Stack），两个高压储氢罐像普通车的油箱一样布置在车辆后桥处。除了燃料电池外，Mirai 还有一套用来直接驱动电动机的储能电池组，第一代储能电池组采用镍氢电池，与纯电动汽车的动力电池类似，电池内部有 1 个高压配电箱，包括正极接触器、负极接触器、预充接触器、预充电阻、电流传感器。所不同的是，预充电阻和预充接触器布置在储能电池内部高压负极端，与负极接触器并联。第一代 Mirai 采用前轮驱动，电动机与动力电子单元位于车辆前桥处。

如图 1-1-30 所示，2021 款 Mirai 美国版第二代氢燃料电池电动汽车采用后置永磁同步电机，电机及储能电池安装在后桥处，燃料电池堆安装在前桥上方。后桥的储能电池类型为锂离子电池，电池能量为 1.24kW·h，变速器类型为固定齿比单速变速器，目前这类车型主要应用于共享汽车和出租车。

图 1-1-29　第二代 Mirai 储氢罐　　　图 1-1-30　第二代氢燃料电池电动汽车的主要部件

燃料电池，尤其是质子交换膜燃料电池由于兼具无污染、高效率、适用广、低噪声、可快速补充能量等特点，被公认为替代传统内燃机的最理想动力装置，是真正零排放的车用能源。

由国家发改委、国家能源局联合印发的《氢能产业发展中长期规划（2021—2035 年）》指出，氢能是未来国家能源体系的重要组成部分，是用能终端实现绿色低碳转型的重要载体，氢能产业是战略性新兴产业和未来产业重点发展方向。到 2035 年，形成氢能产业体系，构建涵盖交通、储能、工业等领域的多元氢能应用生态。

任务二　高压安全防护

✏️ 任务目标

知识目标

1）了解电动汽车的维修安全措施。

2）掌握高压系统中止与检验知识。

3）掌握高压系统操作步骤与注意事项。

技能目标

1）能够正确使用车间防护工具、设备。

2）能够正确使用绝缘电阻测试仪。

3）掌握高压系统维修操作规程。

4）掌握对高压部分进行绝缘检查和互锁检查的方法。

素养目标

1）通过对高压安全防护的学习，提高高压安全防护意识。

2）严格执行车间 7S 现场管理，能够与他人团结协作。

3）能够严格执行新能源汽车维修规范，养成严谨科学的工作态度。

高压安全防护

✏️ 任务导入

　　你是电动汽车售后服务站的一名维修技师，技术主管让你对一辆电动汽车进行高压下电，以保证维修安全。你知道如何进行安全规范的操作吗？

知识储备

一、电动汽车维修安全硬件设施

1. 个人防护用具

　　常用的个人防护用具包括绝缘防护服、绝缘胶鞋、防护眼镜、绝缘手套、绝缘帽等，如图 1-2-1 所示。

图 1-2-1 绝缘鞋、绝缘靴、绝缘手套、绝缘帽、绝缘服、护目镜等个人防护用具

维修人员对电动汽车进行维修作业时，存在着潜在的触电可能，因此必须严格按照厂家维修手册的要求进行操作。为防止维修作业人员触电，必须佩戴个人防护用具。这些防护用具在使用前一定要仔细检查它们的工作性能（如绝缘电压等级、密封性、潮湿等）。

2. 高压防护设施

电动汽车的维修场地应有高压警示牌、二氧化碳灭火器、警戒线、绝缘地垫、专用维修工位接地线等车间安全设施（图 1-2-2）。持有电动汽车低压特种作业证书的维修技师在维修作业前应采用隔离措施，使用警戒线进行隔离，并树立高压警示牌，以警示不相关人员远离该区域，避免发生安全事故。在维修高压设备前，将车身用搭铁线连接到电动车专用维修工具的接地线上。保持工作环境干净且通风良好，远离液体和易燃物。

图 1-2-2 维修车间高压防护设施

3. 高压系统常用维修工具

（1）绝缘工具 电动汽车上的电压等级与传统汽车不同，因此在作业时需要使用满足绝缘等级的专用工具，如图 1-2-3 所示。

图 1-2-3　绝缘工具

　　绝缘工具可在额定电压 AC1000V 和 DC1500V 的带电和近电体上进行作业，在使用时要注意以下事项：

　　1）避免高温烘烤，以防止手柄和绝缘层变形。

　　2）在使用或存放时应避免利器割裂绝缘层。

　　3）避免绝缘工具接触油类或溶剂类液体。

　　4）绝缘工具应定期进行耐压测试。

　　（2）绝缘电阻测试仪　绝缘电阻测试仪也称兆欧表，如图 1-2-4 所示，以兆欧（MΩ）为单位，用于检查高压电气设备、线路及绝缘材料的绝缘电阻，以保证这些设备的正常工作状态，避免发生触电伤亡及设备损坏等事故。绝缘电阻测试仪测试时表笔输出高压电，因此在使用时需要佩戴绝缘手套。

图 1-2-4　绝缘电阻测试仪

　　绝缘电阻测试仪在工作时，自身产生高电压，而测量对象又是电气设备，所以必须正确使用，否则就会造成人身或设备事故。使用前，首先要做好以下准备：

　　1）测量前必须将被测设备电源切断，并对地短路放电，决不允许设备带电进行测量，以保证人身和设备的安全。

　　2）对可能感应出高压电的设备，必须消除这种可能性后，才能进行测量。

　　3）被测物表面要清洁，减少接触电阻，确保测量结果的正确性。

　　4）测量前要检查绝缘电阻测试仪是否处于正常工作状态。

　　5）绝缘电阻测试仪使用时应放在平稳、牢固的地方，且远离大的外电流导体和外磁场。

　　做好上述准备工作后就可以进行测量了，在测量时，还要注意绝缘电阻测试仪的正确接线，否则将引起不必要的误差甚至错误。

（3）放电工装 放电工装如图1-2-5所示，适用于800V以下的电压，可用于纯电动汽车电压较高的电容放电。放电工装在使用时不分正、负极，只要接触好待放电部件的两极即可。

放电工装在使用前需要在已知带电体上进行性能检测，在电动汽车上使用时可在低压蓄电池上进行性能检测。

（4）钳形电流表 使用钳形电流表，可以测量高压系统运行中电力设备的工作电流，在使用前需要进行校零，如图1-2-6所示。

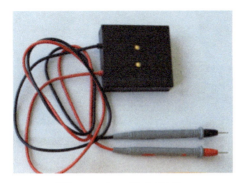

图1-2-5 放电工装　　　　　图1-2-6 钳形电流表

二、电动汽车维修作业规范

1. 电动汽车维修操作资质

（1）一般性要求

1）只允许具有相关资质并受过培训的专业人员执行高压车载电网和直接受影响的系统上的作业。

2）在高压系统上操作时，例如检查动力电池总成、检测高压系统绝缘性，需要具有相关资质的人员执行双人作业，一人负责操作，另一人负责安全提醒及紧急情况处理。

（2）特殊性要求 部分厂家对高压系统上的作业有特殊的资质要求。例如大众公司将高压系统维修人员的资质分为四类，分别是EIP（经过高电压电气培训人员）、HVT（高电压技师）、HVE等级1（高电压专家）、HVE等级2（高电压专家）。其中EIP是最低资质，HVE等级2为最高资质。例如，在驱动电机总成上作业时，在开始作业前必须由具有HVT资质的人员切断高压系统电源，之后更换三相驱动电机或转子位置传感器、电机温度传感器等作业，应由具有 EIP 以上资质的人员来完成。对于测量绝缘电阻、高压部件上的等电位导线等作业项目，就由具有 HVT 以上资质的人员来完成。如果是对高电压蓄电池配电箱、蓄电池控制单元等需要打开蓄电池外盖后进行操作的作业项目，则必须由 HVE 高电压专家以上资质的人员来完成。

2. 电动汽车维修作业规范

1）如图 1-2-7 所示，电动汽车上所有高压线和接插件均为橙色，高压零部件上都有警告标签，在高压系统电源未切断的情况下，不要随意碰触这些线束和零部件。高压用电器部件包括：动力电池、

图 1-2-7　高压部件的橙色高压线与警告标签

驱动电机、电机控制器、DC/DC 变换器、车载充电机、高压配电箱、电动压缩机、PTC 加热器、直流充电口、交流充电口等。

2）对高压系统进行维修时，禁止携带手表、金属笔之类的金属物品，以免这些物品意外掉落导致短路。

3）在维修任何电气部件前，起动开关电源模式必须处于"OFF"状态，并且所有电气负载必须关闭，除非操作程序中另有说明。在检查或维修高压系统之前，务必遵守所有安全措施，例如戴好绝缘手套、断开蓄电池负极、拔下维修开关以防止电击。断开蓄电池负极后，在接触任何高压插接器和端子之前等待 3min。使用"危险：请勿靠近"的标牌告知其他技师正在检查或维修高压系统（图 1-2-8）。

4）在接触裸露的高压端子之前，要戴好绝缘手套并使用检测设备进行验电，确定该端子的电压为 0V。断开或暴露高压插接器之后，要立即使用绝缘胶带将其绝缘。

图 1-2-8　维修场地要求

5）将高压端子的螺栓和螺母紧固至规定力矩，力矩不足或过大均可能导致故障。高压电路的线束或插接器有故障时，请勿尝试维修线路或插接器，必须更换损坏或有故障的高压线束或插接器。

6）在维修高压系统之后或重新安装维修开关之前，再次检查确认没有任何零件或工具遗留在高压系统内，同时高压端子已紧固、插接器已正确连接。

7）在高电压组件附近作业时，禁止焊接、钎焊，禁止使用热空气、热溶胶等，决不允许使用会产生碎屑、变形、边缘锋利的工具。

3. 高压系统电源切断与检验

在维修电动汽车时，高压系统切断电源的方法有仪器切断电源和手工切断电源两种方法。手工切断电源主要指断开12V蓄电池负极电缆，等待5min后，部分车型需要拔下高压维修开关，然后拔下直流母线插接器插件，并且使用数字式万用表进行验电操作。以吉利EV450为例，介绍高压系统电源切断与验电的步骤。

1）用十号扳手断开蓄电池负极，安装好蓄电池负极防护帽或包裹绝缘胶带，并设置警示标志，注意等待5min。

2）向上推动车载充电机（OBC）上的直流母线插头卡扣保险（图1-2-9），拆卸直流母线连接充电机端插件。戴绝缘手套用万用表测量直流母线端正负极电压，电压值应低于1V（图1-2-10）。**注意：测量电压超出人体安全电压阈值时，最好使用单手测量，避免发生意外时电流流过心脏。**高压线束断开后，线束接口处应做好安全防护措施（图1-2-11）。

图1-2-9　向上推动车载充电机直流
母线插头

图1-2-10　验电操作

3）**注意：维修工作中应对车辆做好标识，标明正在维修高压、禁止连接12V蓄电池**，如图1-2-12所示。

图 1-2-11　线束接口包裹绝缘胶带

图 1-2-12　放置维修标识牌

三、电动汽车高压防护原理

1. 电动汽车高压防护设计

按照国家标准 GB 18384—2020《电动汽车安全要求》，根据最大工作电压，将电气元件或电路分为以下等级，见表 1-2-1。相同条件下，交流电比直流电对人体的危害更大。

表 1-2-1　电压等级

电压等级	最大工作电压 U	
	直流	交流（rms 有效值）
A	$0 < U \leqslant 60$	$0 < U \leqslant 30$
B	$60 < U \leqslant 1500$	$30 < U \leqslant 1000$

由于电动汽车高压系统在 B 级电压以上工作，因而对整车高压系统有严格的人员触电防护要求。

（1）高压警告标记　如图 1-2-13 所示，高压部件上的高压警告标记符号的底色为黄色，边框和箭头为黑色，符号应清晰可见。高压电路中电缆和线束的外皮应用橙色加以区别，如图 1-2-14 所示。

图 1-2-13　车载充电机上的高压警告标记　　图 1-2-14　电机控制器的高压警告标记

（2）高压维修断开装置　如图 1-2-15、图 1-2-16 所示，对于装有高压维修断开装置的车辆，要求高压维修断开装置在分离后 1s 内高压部件带电部分电压降低到不大于 AC30V 且不大于 DC60V。

图 1-2-15　一汽 - 大众 ID.4 高压维修断开装置　　图 1-2-16　宝马 i3 高压维修断开装置

（3）碰撞防护（电压要求）　当车辆的动力电池管理器检测到碰撞信号（通过安全气囊控制单元发送的碰撞信号）大于一定阈值时，会切断高压系统主动回路的电气连接，同时通知驱动电机控制器激活主动泄放，从而使发生碰撞时的短路危险、人员电击危险降到最低。车辆碰撞后达到一定阈值时，按照 GB/T 31498—2021 第 4.2.2 条规定，高压母线的电压应不大于 AC 30V 或 DC 60V。

（4）主动泄放（电能要求）　驱动电机控制器（MCU）中含有主动泄放回路，当检测到车辆发生较大碰撞、高压回路中某处接插件存在拔开状态或含有高压的高压电控部件存在开盖情况，可在 5s 内将高压回路直流母线电压泄放到 DC60V 以下，迅速释放危险电能，最大限度保证人员安全。

（5）被动泄放　在主动泄放的同时，驱动电机控制器、空调驱动控制器等内部含有高压的高压电控部件同时设计有被动泄放回路，可在 2min 内将高压回路直流母线电压泄放到 60V 以下，被动泄放作为主动泄放失效的二重保护。

（6）高压互锁　电动汽车高压互锁，也指危险电压互锁回路，简称 HVIL。通过使用弱电气信号来检查车辆高压器件、线路、插接器及护盖的电气完整性，若识别出回路异常断开时，则会毫秒级时间内断开高压电，保障用户安全。

（7）绝缘电阻监测　电动汽车应有绝缘电阻监测系统，即对动力电池及连接高压母线和车辆底盘之间的绝缘电阻进行定期（或持续）监测的系统。当高压系统的绝缘电阻值小于制造商规定的阈值时，应通过一个明显的信号（例如：故障指示灯或中央显示屏的故障提示信息）装置提醒驾驶员，同时控制单元对高压系统应采取相应的保护措施，并且制造商规定的阈值不应低于国家标准。

GB 18384—2020《电动汽车安全要求》第 5.1.4.1 条规定：在最大工作电压下，直流电路绝缘电阻应不小于 100Ω/V，交流电路绝缘电阻应不小于 500Ω/V。如果直流和交流的 B 级电压电路可导电地连接在一起，则应满足绝缘电阻不小于 500Ω/V 的要求。

比亚迪 e5 采用漏电传感器监测高压系统的绝缘电阻值，它安装在高压电控总成内部，如图 1-2-17 所示。漏电传感器本身也是一个动力网 CAN 模块，通过监测与动力电池输出相连接的正极母线与车身底盘之间的绝缘电阻来判定高压系统是否存在漏电，漏电传感器将绝缘阻值信息通过 CAN 信号发送给电池管理器，采取相应保护措施，见表 1-2-2。

（8）电位均衡要求　电动汽车所有高压系统部件的外壳与车身接地之间的连接电阻应不大于 0.1Ω，如图 1-2-18 所示。

图 1-2-17　比亚迪 e5 高压电控总成内部的漏电传感器

图 1-2-18　吉利 EV450 动力电池的接地电位线

表 1-2-2　比亚迪 e5 高压系统绝缘电阻标准及措施

R: 高压回路正极或负极对车身地等效绝缘阻值	漏电状态	措施	
R > 500Ω/V	正常	无	
100Ω/V < R ≤ 500Ω/V	一般漏电报警	记录保存故障码	
R ≤ 100Ω/V	严重漏电报警	行车中	仪表故障指示灯亮，断开主接触器、分压接触器、电池包内接触器和负极接触器
		停车中	1. 禁止上电；2. 仪表故障指示灯亮，报动力系统故障
		充电中	1. 断开交流充电接触器、分压接触器、电池包内接触器和负极接触器；2. 仪表故障指示灯亮，报动力系统故障

2. 高压互锁的原理

（1）高压互锁回路设计的目的

1）电动汽车在高压上电前应确保整个高压系统的完整性，使高压系统处于一个封闭的环境下工作，从而提高安全性。

2）电动汽车在运行过程中，高压系统回路断开或者完整性受到破坏时，需要启动安全防护。

3）防止带电插拔高压插接器给高压端子造成的拉弧损坏。

（2）高压互锁线路　高压互锁分为结构性互锁和功能性互锁。结构性互锁是指车辆主要高压插接器均带有互锁回路，当其中某个插接器带电断开时，BMS便会检测到高压回路存在断路，为保护人员安全，将立即进行报警并断开主高压回路电气连接，同时激活主动泄放。如图1-2-19所示，结构互锁实际上就是高压线束和接插件上的两根细小的针脚。功能互锁是指当车辆进行充电或插充电枪时，高压电控系统会限制车辆不能通过自身驱动系统进行驱动，以防发生安全事故。

图1-2-19　吉利EV450动力电池直流母线插头的互锁针脚

高压线束上的互锁电路分为插头以及插座上的互锁电路，高压插座上的互锁电路一般是母针孔，互锁线路设计成与低压接插件于一体，吉利EV450车载充电机上的慢充线束插口互锁电路如图1-2-20所示。高压插头互锁电路一般为公插针，其内部结构实际上是一个短接电路（压线连接），使用数字式万用表测量插头上两根细小的互锁电路，电阻值应小于1Ω（图1-2-21）。高压插件内部互锁结构如图1-2-22所示。

图1-2-20　车载充电机上慢充线束插口互锁电路

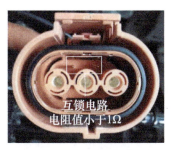

图1-2-21　车载充电机上慢充线束插头

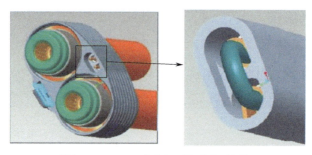

图 1-2-22　高压互锁内部结构

2020 款比亚迪秦充配电总成内部的高压互锁电路如图 1-2-23 所示。由于互锁线路以串联的方式连接，一根是高压互锁输入线路（HVIL IN），另一根是高压互锁输出线路（HVIL OUT），所以在高压线束接插件内部可以看到各有两根互锁电路连接线。该电动车充配电总成上电机控制器配电高压线束和直流充电高压线束均采用螺栓连接，因此在这两个高压线束上没有安装互锁电路。

图 1-2-23　2020 款比亚迪秦充配电总成上的高压互锁电路

（3）高压互锁信号特性　高压互锁信号（HVIL）有三种不同的方式，5V、12V（虚电压）和 PWM 波。比较常用的是 PWM 输出信号（12V/88Hz），旨在防止信号受到干扰。对于纯电动汽车，大多数由整车控制器（VCU）提供和评估互锁信号，并通过串联方式连接传送至以下高压部件的互锁电路：直流母线、电机控制器、DC/DC 变换器、车载充电机、电动压缩机、PTC 加热器高压配电线束，因车型不同有所差异。混合动力汽车通常由高压蓄电池控制单元负责监测互锁电路，例如奔驰 S400 Hybrid。互锁电路中断将导致高压蓄电池模块中的接触器电路断开，致使整个高压系统电源切断。

（4）高压互锁电路原理　北汽 EU260 高压互锁电路和吉利 EV300 互锁原理分别如图 1-2-24、图 1-2-25 所示。

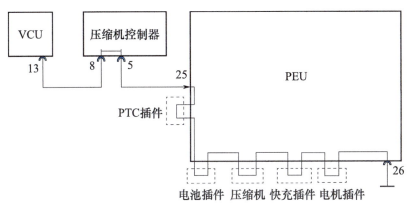

高压互锁故障
的检修

图 1-2-24　北汽 EU260 高压互锁原理图

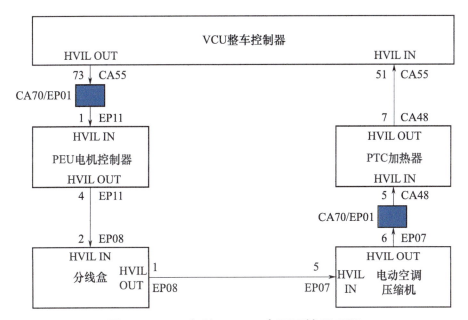

图 1-2-25　吉利 EV300 高压互锁原理图

四、高压系统绝缘电阻的检测

虽然电动汽车本身带有绝缘电阻监测的功能，但是一旦出现绝缘电阻故障以后，相应的控制单元会出现"绝缘电阻低于阈值"的故障码，控制单元无法准确识别出哪一个高压部件的绝缘电阻值过低。这时需要维修技术人员通过诊断和检测来判断导致绝缘电阻过低的高压部件位置。部分高端电动汽车（例如蔚来）在系统出现绝缘故障码时，故障码相关信息会自动上传至服务器，客户将会接到电话要求回到售后服务中心进行检查维修。

1. 前期准备

在进行高压回路的排查之前，为了确保安全，一定要按照相应的高压安全操作规程进行作业，操作人员按规定穿戴好防护用品，检查工具的绝缘性。操作时应戴绝缘手套，穿绝缘鞋，站在绝缘地垫上。

在开始高压系统绝缘电阻的检测之前，需要满足以下前提条件：

1）操作起动开关使电源模式至 OFF 状态。

2）断开蓄电池负极电缆。

3）对于安装维修开关的部分车型，需要拆卸维修开关。

4）断开动力电池直流母线插接器。

5）等待 5min。

高压系统绝缘
电阻的检测

6）验电操作：用数字式万用表检测动力电池直流母线插接器端子 1 与 2 之间的剩余电压，标准电压值应不大于 5V。

7）将高压绝缘电阻测试仪的档位调至 1000V。

高压系统各部件的绝缘电阻值，见表 1-2-3。由于各车型高压部件集成方式有所不同，具体数值可以查询相应车型的维修手册。

表 1-2-3　吉利 EV450 高压系统的绝缘电阻标准值

高压部件名称	测试端	标准电阻值
动力电池直流母线	端子 1（高压 +）与车身搭铁	≥ 20MΩ
	端子 2（高压 −）与车身搭铁	≥ 20MΩ
PTC 加热器	端子 1（高压 +）与车身搭铁	≥ 20MΩ
	端子 2（高压 −）与车身搭铁	≥ 20MΩ
电动压缩机	端子 1（高压 +）与车身搭铁	≥ 10MΩ
	端子 2（高压 −）与车身搭铁	≥ 10MΩ
车载充电机	端子 1（高压 +）与车身搭铁	≥ 10MΩ
	端子 2（高压 −）与车身搭铁	≥ 10MΩ
电机三相线束	U 相与车身搭铁	≥ 20MΩ
	V 相与车身搭铁	≥ 20MΩ
	W 相与车身搭铁	≥ 20MΩ
PTC 加热器高压线束	线束端子与车身搭铁	≥ 2MΩ
电动压缩机高压线束	线束端子与车身搭铁	≥ 2MΩ
电机控制器高压线束（输入）	T+、T− 线束	≥ 2MΩ

2. 操作步骤

以吉利 EV450 为例，介绍全车高压系统绝缘电阻检测的操作流程。

1）操作起动开关使电源模式至 OFF 状态，用十号扳手断开蓄电池负极，安装好蓄电池负极防护帽，等待 5min。

2）将车辆举升至合适位置，断开动力电池侧的直流充电线束插接器，检查插接器导电环是否有锈蚀、烧蚀情况。断开动力电池侧的直流母线线束插接器，检查插接器导电环是否有锈蚀、烧蚀情况。

3）确认高压回路切断。使用数字式万用表测量动力电池 HV+ 与 HV– 之间的电压，标准值应不大于 5V。

4）检测动力电池侧直流母线的绝缘电阻。佩戴绝缘手套、护目镜，将绝缘电阻测试仪选择电压为 1000V，用绝缘电阻测试仪测试 1 号端子与车身接地之间的绝缘电阻，标准电阻值应不小于 20MΩ，确认测量值是否符合标准。测量 2 号端子与车身接地之间的绝缘电阻，标准电阻值应不小于 20MΩ，确认测量值是否符合标准。

5）检测慢充充电接口的绝缘电阻。将车辆降至合适位置，打开充电外盖，检查交流和直流充电接口是否有水迹、氧化。将绝缘电阻测试仪选择电压 1000V，用绝缘电阻测试仪测量慢充充电口 L 端子对 PE 端子的绝缘电阻值（图 1-2-26），标准值应不小于 20MΩ。测量 N 端子对 PE 端子的绝缘电阻值（图 1-2-27），标准值应不小于 20MΩ。

图 1-2-26　测量慢充口 L 端子对　　　图 1-2-27　测量慢充口 N 端子对
　　　　PE 端子的绝缘电阻　　　　　　　　　　PE 端子的绝缘电阻

6）检测快充充电接口的绝缘电阻。将绝缘电阻测试仪选择电压 1000V，用绝缘电阻测试仪测量直流充电口 DC+ 对 PE 端子的绝缘电阻值（图 1-2-28），标准值应不小于 20MΩ。测量 DC– 对 PE 端子的绝缘电阻值（图 1-2-29），标准值应不小于 20MΩ 。

图 1-2-28　测量直流充电口
DC+ 对 PE 端子的绝缘电阻

图 1-2-29　测量直流充电口
DC- 对 PE 端子的绝缘电阻

7）测量电动空调压缩机的绝缘电阻。拔下电动空调压缩机上的高压线束插接器，将绝缘电阻测试仪选择电压 1000V，用绝缘电阻测试仪测量电动空调压缩机高压线束 1 号端子与车身接地之间的绝缘电阻值，标准值应不小于 2MΩ 。测量电动空调压缩机高压线束 2 号端子与车身接地之间的绝缘电阻值，标准值应不小于 2MΩ 。测量电动空调压缩机内部 1 号与 2 号端子分别与车身接地之间的绝缘电阻值，标准值应不小于 10MΩ 。如果测得的电动空调压缩机内部绝缘电阻过低，说明电动空调压缩机内部故障导致绝缘电阻过低，需要更换电动空调压缩机。

8）测量 PTC 加热器的绝缘电阻。拔下 PTC 加热器上的高压线束插接器，检查插头是否腐蚀、有水迹，将绝缘电阻测试仪选择电压 1000V，用绝缘电阻测试仪测量 PTC 加热器高压端子 1 号与车身接地之间的绝缘电阻值，标准值应不小于 20MΩ 。测量 PTC 加热器高压端子 2 号与车身接地之间的绝缘电阻值，标准值应不小于 20MΩ 。

9）测量电机控制器的绝缘电阻。拆卸电机控制器上盖的 8 个螺栓，取下电机控制器上盖。使用万用表测量电机控制器正负极电压，标准电压值应不大于 5V。将绝缘电阻测试仪选择电压 1000V，用绝缘电阻测试仪测量电机控制器正极与车身接地之间的绝缘电阻，标准值应不小于 2MΩ 。测量电机控制器负极与车身接地之间的绝缘电阻，标准值应不小于 2MΩ 。

10）测量驱动电机的绝缘电阻。

①使用放电工装对电机控制器进行放电。

②拆卸驱动电机三相线束插接器（电机控制器侧）3 个固定螺栓。拆卸驱

动电机三相线束端子（电机控制器侧）另外 3 个固定螺栓，脱开三相线束。

③将绝缘电阻测试仪的电压等级选择至 1000V。

④测量 U 相端子至壳体之间的绝缘电阻，标准值应不小于 20MΩ。

⑤测量 V 相端子至壳体之间的绝缘电阻，标准值应不小于 20MΩ。

⑥测量 W 相端子至壳体之间的绝缘电阻，标准值应不小于 20MΩ。

此外，可以通过诊断仪连接车辆，进入到相应的控制单元（整车控制器或电池管理器），读取绝缘电阻的数据流，吉利 EV450 整车绝缘电阻值为 4.12MΩ，如图 1-2-30 所示。2016 款比亚迪 e5 从电池管理器读取到的绝缘电阻值为 4.128MΩ，奔驰 S400 中度混合动力系统从电池管理器读取到的绝缘电阻值为 1.5MΩ。

绝缘电阻值	4.12MΩ
绝缘监测状态	绝缘检测正常
整车高压互锁状态	高压互锁关闭 / 正常

图 1-2-30　吉利 EV450 高压系统绝缘电阻数据流

思考练习

一、单项选择题

1. 更换和检修用电设备时，最好的安全措施是（　　　）。

　　A. 站在凳子上操作　　　　　　B. 切断电源　　　　　　C. 戴橡胶手套操作

2. 低压电工作业是指对（　　　）V 以下的电气设备进行安装、调试、运行操作等的作业。

　　A. 500　　　　　　B. 250　　　　　　C. 1000　　　　　　D. 10000V

3. 在新能源汽车中，高压线束的颜色为（　　　）。

　　A. 红色　　　　　　B. 黄色　　　　　　C. 橙色　　　　　　D. 蓝色

4. 下列不属于新能源汽车高压系统的部件是（　　　）。

　　A. 动力电池　　　B. 驱动电机　　　C. 空调压缩机　　　D. 电子冷却液泵

5. 维修过程发现整车高压部件存在涉水的痕迹，正确的做法是（　　　）。

　　A. 将水烘干，然后做绝缘检测　　　　　　B. 太危险，放弃维修

　　C. 将所有涉水的高压部件拆下来返厂　　　D. 宣布整车已经报废

6. 对于有高温标识的高压部件，维修时要注意（　　　）。

    A. 高压下电之后，还要等待部件的温度恢复常温再操作

    B. 断开维修开关之后，不存在危险

    C. 用水淋一下，节省维修时间

    D. 车子有故障，高压部件都不工作，不可能有高温

7. 对新能源汽车机舱进行清洗时需要注意（　　　）。

    A. 新能源汽车机舱是不能见水的

    B. 高压部件的防护等级都是 IP67 的，无须紧张

    C. 可以简单地冲洗，但是注意不要将高压水枪对着高压接插件直接喷射

    D. 将高压部件都拆卸出来之后，再做清洗

8. 以下没有高压互锁的是（　　　）。

    A. 电机控制器　　　B. 动力电池包　　　C. PTC　　　　　D. 变速器

二、判断题

1. 绝缘手套的作用是在操作人员触碰高压元器件的时候，避免操作

    人员手部触电发生安全事故。　　　　　　　　　　　　　（　　　）

2. 护目镜的作用是保护维修人员的眼睛，尤其是在进行高压插拔的

    时候。　　　　　　　　　　　　　　　　　　　　　　　（　　　）

3. 相同条件下，交流电比直流电对人体危害更大。　　　　（　　　）

4. 没有耐压等级的帽子不是绝缘帽。　　　　　　　　　　（　　　）

5. 已经拔下维修开关，整车高压部件就可以确定是没有电的。（　　　）

6. 使用绝缘电阻测试仪测量绝缘电阻时，需要佩戴绝缘手套，因为

    根据绝缘电阻测试的工作原理，测量的瞬间会施加高压电。（　　　）

7. 测量电压超出人体安全电压阈值时，最好使用单手测量，避免发

    生意外时，电流流过心脏。　　　　　　　　　　　　　　（　　　）

8. 实车测量高压时，万用表的量程必须大于实车电池包电压。（　　　）

动力电池及管理系统

任务一 动力电池认知与拆装

📝 任务目标

知识目标

1）了解可充电储能装置的类型。

2）了解锂离子蓄电池的类型与特点。

3）了解动力电池内部的成组方式。

4）掌握拆装动力电池的操作方法和注意事项。

技能目标

1）能高效完成动力电池总成外观检查、紧固件检查。

2）能高效、安全地实现动力电池总成拆装。

3）能规范地完成动力电池总成的冷却液排放与加注。

素养目标

1）培养学生热爱学习、潜心研究的工匠精神。

2）培养学生重视检修规范和具有安全环保意识。

3）具有团队合作意识，共同完成动力电池的拆装任务。

📝 任务导入

一辆电动汽车进店维修，技术总监告诉你需要对动力电池进行检查，你能够规范、高效地完成动力电池总成的检查吗？

知识储备

一、可充电储能装置的类型

电动汽车上的储能装置包括各种动力电池、辅助蓄电池、超级电容器和飞轮电池等或其组合。蓄电池也称二次电池，即可以通过充电反复使用的化学电池。根据 GB/T 19596—2017《电动汽车术语》第 3.3.1 条内容，对可充电储能装置进行分类，如图 2-1-1 所示。

图 2-1-1 可充电储能装置的类型

目前，纯电动汽车和混合动力电动汽车的动力电池主要有两种类型：锂离子蓄电池、金属氢化物镍蓄电池。锂离子蓄电池指利用锂离子作为导电离子，在阳极和阴极之间移动，通过化学能和电能相互转化实现充放电的电池。吉利系列的电动汽车通常采用三元锂电池，而比亚迪纯电动汽车和混合动力汽车主要采用磷酸铁锂电池。金属氢化物镍蓄电池指正极使用镍氧化物，负极使用可吸收释放氢的贮氢合金，以氢氧化钾为电解质的蓄电池。金属氢化物镍蓄电池通常被看作镍镉蓄电池的直接替代品，具有很大的能量密度，更重要的是不含有镉，非常环保。目前，金属氢化物镍蓄电池通常安装在早期市场中的混合动力汽车上，例如 2013 款保时捷混合动力系统采用 288V 镍氢电池。

超级电容器由于具有比功率高、循环寿命长、充放电时间短等优势，已成为电动汽车的理想电源之一。但是超级电容器极低的比能量使得它不可能单独用作电动汽车能量源，但作为辅助能量使用具有显著优点。本田的 FCX 燃料电池 – 超级电容混合动力汽车是使用超级电容器的一个实例。目前在部分混合动力电动汽车中，超级电容器仅在起动的瞬间扮演汽车驱动系统主要动力源的角色，而在其他条件下充当的是辅助动力源的角色。

二、锂离子电池的类型与特点

锂离子电池是指电化学体系中含有锂（包括金属锂、锂合金和锂离子、锂聚合物）的电池，它一般是使用锂合金金属氧化物为正极材料、石墨为负极材料，使用非水电解质的电池。锂离子电池的正极材料主要有钴酸锂、锰酸锂、磷酸铁锂、三元锂等，电池负极材料是锂离子电池储存锂的主体，使锂离子在充放电过程中嵌入与脱出，电解质是锂盐的有机溶液或聚合物。锂离子电池充电时，正极中锂原子电离成锂离子和电子，并且锂离子向负极运动与电子合成锂原子。放电时，锂原子从石墨晶体内负极表面电离成锂离子和电子，并在正极处合成锂原子。锂离子电池具有比容量高、单体电池输出电压高、自放电率低、使用寿命长、安全性能好、无记忆效应、无污染等优良特性，因此在电动汽车上得到了广泛的应用。

从正负极材料来说，目前市面上运用最广泛的车用动力电池有三元锂电池和磷酸铁锂电池两种。相比三元锂电池，磷酸铁锂电池安全性更高、循环使用寿命更长、成本也更低，但能量密度的提升空间较小。

1. 电芯类型

（1）圆柱形电芯　圆柱形电芯指具有圆柱形电池外壳和连接元件（电极）的电芯。以 18650 型锂离子电池为例，18650 电芯是由外壳、正极、负极、薄膜和电解质五部分组成的，18650 代表的是电池的型号，"18" 代表电池的直径为 18mm，"65"代表电池的高度为 65mm，"0"则代表圆柱形电池。出于安全考虑，在电池正极位置通常会加置一个灰色的绝缘片。

特斯拉汽车的动力电池采用圆柱形电芯，早期采用 18650 电芯，2017 年力推使用 21700 电芯，无极耳 46800 是特斯拉最新一代电芯的物理规格，即直径 46mm、高度 80mm、圆柱形，如图 2-1-2 所示。特斯拉使用激光切割技术将锂电池的极耳完全去除，阳极阴极极大范围接触供电做到超低内阻，同时也带来了低温升，从而大幅度提升了电池性能并可高速自动化生产，在材料上改用硅、镍配方，整体电池成本相比起以前降低 56%。

图 2-1-2　圆柱形电芯

圆柱形电芯的优势是单体能量密度相较于方形硬壳电池更高，目前特斯拉 Model 3 上使用的 21700 电池已经将单体能量密度提升到 300W·h/kg。同时圆柱形电池循环性能好、可快速充放电、充电效率高，而且输出功率更大。另外，因为电池技术更为成熟，所以电池一致性高，PACK 成组后电池包整体稳定性也更佳。

（2）方形电芯　方形电芯指具有长方体电池外壳和连接元件（电极）的蓄电池，如图 2-1-3 所示。方形硬壳电池可以说是目前应用范围最广的电池形式，现阶段除特斯拉以外，大部分电动汽车的动力电池采用方形硬壳电池。方形硬壳电池本身拥有更高的空间利用率，所以电池单体体积及容量也明显优于其他电池形式。其劣势在于，PACK 成组前，电池本身便需要单独的外层硬质保护壳，这意味着电池包整体重量的大幅增加。同

图 2-1-3　方形电芯

时，更高的空间利用率也意味着对冷却系统布置要求提高，这也将进一步提升电池包的设计成本。

为解决 PACK 成组导致电池包整体重量增加的问题，宁德时代推出了 CTP 高集成动力电池开发平台，取消了电池 PACK 成组的环节，将电芯直接集成到电池包。相较传统电池包，CTP 电池包体积利用率提高了 15%~20%，电池包零部件数量减少 40%，电池包能量密度从 180W·h/kg 提升到 200W·h/kg 以上。

（3）软包电芯 软包电芯指具有复合薄膜制成的电池外壳和连接元件（电极）的蓄电池，如图2-1-4所示。软包电芯是目前应用在电动汽车上最少的一种电池形式。软包电芯跟圆柱形电芯、方形电芯的最大区别在于，外壳采用的是铝塑膜材质，因而相比较之下，重量更轻。在同等容量下，软包电芯的重量要轻

图 2-1-4 软包电芯

20%，容量要比方形硬壳电芯高50%。此外，软包电芯可供模块化定制，对放置空间及位置要求较低。

其缺点在于软包电芯本身材质为软性的铝塑膜，电池本体自我保护性较差，所以软包电池在PACK成组后需要更坚硬的保护壳。软包电芯的布局多为叠片式，一片片软包电池竖直叠放在一起，所以电池热管理系统的布置就需要在每两片电池之间加上一层冷却片，增加了电池包整体的重量，散热设计不易。

此外，软包电芯的成本较高。目前软包电池制造工艺的成熟度较低，软包电池可供定制、型号太多也导致了电池生产标准及一致性的下降，使得软包电池无法大规模生产。软包电池所需的铝塑膜外壳生产技术复杂，采购成本较高。

2. 锂离子电池的优点

相对于其他类型电池，锂离子电池具有以下显著的优点。

1）工作电压高。钴酸锂电池的工作电压为3.6V，锰酸锂电池的工作电压为3.7V，磷酸铁锂电池的工作电压为3.2V，而镍氢、镍镉电池的工作电压仅为1.2V。

2）能量密度高。锂离子电池正极材料的理论能量密度可达200W·h/kg以上，实际应用中由于不可逆容量损失，能量密度通常低于这个数值，但也可达140W·h/kg，该数值仍为镍镉电池的3倍，镍氢电池的1.5倍。

3）循环寿命长。目前，锂离子电池在深度放电情况下，循环次数可在1000次以上；在低放电深度条件下，循环次数可达上万次，其性能远远优于其他同类电池。

4）自放电小。

5）无记忆效应。蓄电池经过长期浅充浅放电循环后，进行深放电时，表现出明显的容量损失和放电电压下降，经数次全充/放电循环后，电池特性即可恢复的现象，称为记忆效应。锂离子电池没有记忆效应。

6）环保性高。相对于传统的铅酸电池、镍镉电池甚至镍氢电池废弃可能造成的环境污染问题，锂离子电池中不包含汞、铅、镉等有害元素，是真正意义上的绿色电池。

目前，电动汽车常用的锂离子电池主要有三元聚合物锂电池、磷酸铁锂电池。

3. 三元锂电池

三元锂电池正极使用镍钴锰酸锂三元材料，具有能量密度高、单体电压高、循环寿命长的优点，在市场上被广泛采用，代表车型有吉利 EV450 和北汽 EU260 等电动汽车，如图 2-1-5、图 2-1-6 所示。但是，相比磷酸铁锂电池，三元锂电池的热稳定性不好，因此散热要求更高，目前动力电池的散热方法有水冷、风冷和制冷剂冷却，水冷是最常用的冷却方法。

图 2-1-5　吉利 EV450 三元锂电池

图 2-1-6　北汽 EU260 三元锂电池

三元锂电池的电芯额定电压为 3.65V，0~55℃时放电截止电压为 2.75V，–20~0℃时放电截止电压为 2.5V，充电截止电压为 4.15V。吉利 EV450 动力电池的电池类型为三元材料，电池组额定电压为 346V，额定容量为 150A·h，额定功率 50kW，电池组工作电压范围为 266 ~ 408.5V。动力电池总成的铭牌如图 2-1-7、图 2-1-8 所示。

图 2-1-7　吉利 EV450 动力电池总成的铭牌

图 2-1-8　北汽 EU260 锂电池的铭牌

铭牌上标明动力电池的电池种类、物料编码、额定电压、额定容量、产品能量、动力电池的重量、装置型号、产品序号，以及生产日期等信息。

🔧 **小知识**　额定电压又称标定电压，指的是规定条件下电池工作的标准电压。

刀片电池、
4680 电池、
固态电池介绍

　　额定容量指在规定条件下测得的并由制造商标明的电池容量值，通常用安·时（A·h）或毫安·时（mA·h）来表示。

　　电池能量指电池在一定的放电制度下，电池所能释放出的能量，通常用 W·h 或 kW·h 表示。

　　额定能量是室温下完全充电的电池以 1 小时率电流放电，达到放电终止电压时放出的能量（W·h）。计算方法为"额定能量＝额定容量 × 额定电压"。

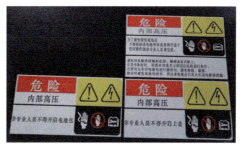

　　电动汽车在日常维护过程中，动力电池是不需要打开的。即使动力电池内部出现了故障，非专业人员不得开启电池包。北汽 EU260 动力电池上的高压警告标记如图 2-1-9 所示。

图 2-1-9　北汽 EU260 动力电池上的高压警告标记

4. 磷酸铁锂电池

　　磷酸铁锂电池是指用磷酸铁锂作为正极材料的锂离子电池，电池负极是石墨，中间是聚乙烯或聚丙烯材料制成的隔膜板，电池中部的上下端间安装有机电解质，锂离子的电解质是由有机溶剂和锂盐组成，对人体组织具有腐蚀性，并且可燃，外壳由金属材料密封。磷酸铁锂电池的单体电池额定电压为 3.2V，充电截止时的最高电压为 3.6V，放电截止时的最低电压为 2.75V。图 2-1-10 所示为 2016 款比亚迪 e5 动力电池总成。

图 2-1-10　比亚迪 e5 动力电池总成

三、动力电池的成组方式

　　电池组典型的连接方式有先并联后串联、先串联后并联以及混联。从电池组连接的可靠性，以及电池电压不一致性发展趋势和电池组性能影响的角度分析，先并联后串联连接方式优于先串联后并联连接方式，而先串后并的电池拓扑结构有利于对系统各个单体电池进行检测和管理。

（1）北汽EU260动力电池的成组方式　从表2-1-1可知，北汽EU260纯电动汽车选用CATL（宁德时代新能源科技股份有限公司）生产的三元锂电池。动力电池的成组方式如下：电芯数量共270颗，其中3并3串（3P3S），共6个；3并6串（3P6S），共12个。总共18个电池模组串联形成动力电池总成。也就是说，总的成组方式是3并90串（3P90S）。单体标称电压为3.65V，动力电池标称电压为330V。北汽EU260动力电池的实物如图2-1-11所示。

表 2-1-1　北汽 EU260 三元锂电池的参数

项目	标准	项目	标准
电芯种类	42A·h-NCM（ATL）	管理系统厂家	CATL
模组种类及数量	3P3S 6个	电芯数量/一套	270颗
	3P6S 12个	串并联方式	3P90S
标称电压	330V	标称电量	41.6 kW·h
可用电量	37.8 kW·h	能量密度	113W·h/kg
标称容量	126A·h	电压范围	248~378V
寿命	＞2000次/8年/20万km	电池包重量	＜365kg
快充时间（20~35℃，30%充电到80%）	0.5 h	低温充电倍率	0.1C（-20~-10℃） 0.2C（-10~0℃）
单体并联数	3	单体标称电压	3.65V

共6个电池模组，每个模组为3P3S（3并3串），即每个模组由9个电芯组成

共12个电池模组，每个模组为3P6S（3并6串），即每个模组由18个电芯组成

图 2-1-11　北汽 EU260 动力电池

（2）北汽 EX360 动力电池的成组方式　北汽 EX360 动力电池如图 2-1-12 所示，总共 6 个电池模组，#1 号电池模组的成组方式为 5P7S（5 并 7 串），#2、#3、#4 号电池模组的成组方式均为 5P16S，#5 号模组为 5P8S，#6 号模组为 5P28S，动力电池总的成组方式为 5P91S，单体电芯总数量为 455 颗。电芯标称电压为 3.65V，动力电池额定电压为 332V。

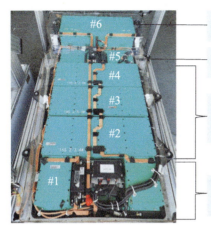

1个模组，成组方式为5P28S（5并28串），共140个电芯

1个模组，成组方式为5P8S（5并8串），共40个电芯

3个模组，每个模组的成组方式均为5P16S（5并16串），每个模组有80个电芯，3个模组共240个电芯

1个模组，成组方式为5P7S（5并7串），共35个电芯

图 2-1-12　北汽 EX360 动力电池

（3）比亚迪 e5 动力电池的成组方式　如图 2-1-13 所示，2016 款比亚迪 e5 的动力电池由 13 个模组串联组成，总电压为 653.4V，总电量为 42.47kW·h。电池组高压接口与 1# 电池负极、13# 电池正极相连接。13 号模组在 1 号的上层，12 号模组在 11 号的上层，6、7、8 号模组分别在 5、4、9 号的上层。

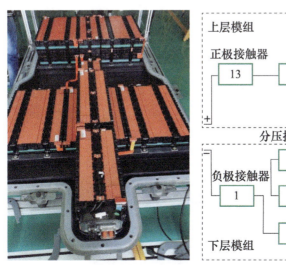
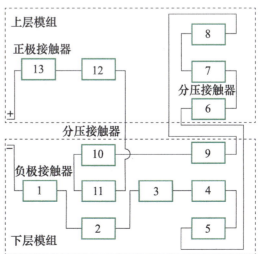

图 2-1-13　比亚迪 e5 动力电池的成组方式

（4）大众 ID.4 动力电池的成组方式 大众 ID.4 动力电池主要有两个电池版本，一个版本是 9 个模组，每个模组的成组方式为 2P12S（2 并 12 串）。另一个版本是 12 个模组，每个模组的成组方式是 3P8S（3 并 8 串），电池包主要器件如图 2-1-14 所示，每 4 个电池模组安装有 1 个模组控制单元，J840 为电池管理器，SX7 为高电压蓄电池配电箱（负极），SX8 为高电压蓄电池配电箱（正极）。SX7 内部主要包括负极继电器、直流充电负极继电器、高压熔断器、电流传感器 1 和电流传感器 2、电池加热装置温度传感器 1。SX8 内部主要包括正极继电器、直流充电正极继电器、高压系统熔丝 2、电池加热装置温度传感器 2。

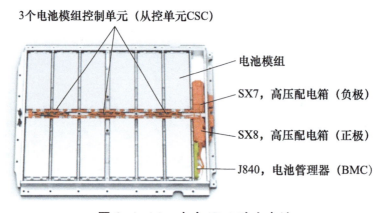

图 2-1-14 大众 ID.4 动力电池

（5）吉利 EV300/EV450 动力电池的成组方式 2017 款吉利 EV300 使用的是三元锂离子方形硬壳电池，由 285 个单体电芯组成（10 个 3P6S，7 个 3P5S），额定电压为 346V，电池能量为 42 kW·h，动力电池采用水冷的冷却方式。如图 2-1-15 所示，靠近高压配电箱有 2 层共 6 个电池模组，均为 3P5S，上层 1 个模组，下层 5 个模组；靠近动力电池后部有两层共 10 个模组，均为 3P6S，上层 5 个模组，下层 5 个模组；动力电池中间有 1 个 3P5S 电池模组，从而形成

图 2-1-15 吉利 EV300 动力电池的成组方式

动力电池总成 3P95S 的成组方式。吉利 EV450 动力电池的容量为 150A·h，额定电压为 346V，电池能量为 52kW·h，电池的成组方式与 2017 款 EV300 相同，共有 17 个电池模组。

讨论 三元单体电芯的额定电压为 3.65V，根据吉利 EV300 动力电池的成组方式，请问额定电压 346V 是如何计算出来的？

动力电池组
拆装与维护

四、动力电池的拆卸与安装

以吉利 EV450 为例，说明动力电池的拆装流程。

1. 拆卸动力电池的操作步骤与注意事项

（1）高压系统切断步骤

1）准备工作如下：进入车辆，打开前机舱盖，将车钥匙放入主操作员口袋，安装翼子板布和前格栅布。

2）用十号扳手断开蓄电池负极（图 2-1-16），安装好蓄电池负极防护帽或包裹绝缘胶带，并设置警示标识，注意等待 5min。

图 2-1-16 断开蓄电池负极

3）向上推动车载充电机（OBC）上的直流母线插头卡扣保险（图 2-1-17），拆卸直流母线连接充电机端插件。戴好绝缘手套，用万用表测量直流母线端正负极电压，标准值应低于 1V（图 2-1-18）。

图 2-1-17 向上推动车载充电机上的直流母线插头

图 2-1-18 测量直流母线端正负极电压

4）高压线束断开后，线束侧接口处应做好安全防护措施（图 2-1-19）。维修工作中应注意：**对车辆做好标识，标明正在维修高压、禁止连接 12V 蓄电池**，如图 2-1-20 所示。

图 2-1-19　高压线束接口包裹绝缘胶带

图 2-1-20　放置高压维修标识牌

（2）动力电池总成的拆卸

1）操作举升机举起电动车辆。**注意：举升时确保举升机的支撑点不在动力电池上**（图 2-1-21）。

2）车下作业应全程佩戴安全帽，护目镜。检查动力电池托盘有无变形、磕碰、防撞梁有无损坏，检查动力电池高低压插接器的清洁度，检查插头是否腐蚀、破损及紧固情况。

3）如图 2-1-22 所示，置入动力电池平台车，使用平台车支撑动力电池总成。

图 2-1-21　举升车辆的注意事项

图 2-1-22　使用平台车支撑动力电池总成

4）拆卸动力电池防撞梁上的 4 颗固定螺栓。

5）断开动力电池出水管与冷却液泵（电池）的连接（图 2-1-23），断开动力电池进水管与电池储液罐的连接（图 2-1-24）。

6）断开动力电池与前机舱线束的 2 个低压线束插接器（图 2-1-25），检查插接器是否有退针、倒针、锈蚀和烧蚀情况。

7）断开动力电池的 2 个高压线束插接器（图 2-1-26），检查插接器导电环是否有锈蚀、烧蚀情况。

图 2-1-23 拆卸动力电池出水管

图 2-1-24 拆卸动力电池进水管

图 2-1-25 拆卸动力电池 2 个低压线束插接器

图 2-1-26 拆卸动力电池 2 个高压线束插接器

8）使用数字式万用表测量动力电池直流母线 HV+ 与 HV– 之间的电压，实测值应不大于 1V。

9）将绝缘电阻测试仪选择电压为 1000V，检测动力电池直流母线的绝缘电阻。测量动力电池直流母线 1 号端子与车身接地之间的绝缘电阻（图 2-1-27），标准值应不小于 20MΩ。测量动力电池直流母线 2 号端子与车身接地之间的绝缘电阻（图 2-1-28），标准值应不小于 20MΩ。

图 2-1-27 测量动力电池直流母线 1 号端子绝缘电阻

图 2-1-28 测量动力电池直流母线 2 号端子绝缘电阻

10）检测动力电池快充线束的绝缘电阻。测量动力电池快充接口的 1 号端子与车身接地之间的绝缘电阻（图 2-1-29），标准值应不小于 20MΩ。测量动力电池快充接口的 2 号端子与车身接地之间的绝缘电阻（图 2-1-30），标准值应不小于 20MΩ。**注意：以上测量过程中应遵守单手测量原则。**

图 2-1-29　测量直流充电接口
1 号端子绝缘电阻

图 2-1-30　测量直流充电接口
2 号端子绝缘电阻

11）高压线束断开后，线束侧接口处应做好安全防护措施。

12）拆卸动力电池搭铁线固定螺栓，拆卸动力电池总成后部 3 个固定螺栓，拆卸动力电池总成前部 2 个固定螺栓。

13）如图 2-1-31 所示，缓慢降下平台车，取出动力电池总成。**注意：动力电池下降过程中平台车缓慢向前移动，可以避免动力电池与后悬架的干涉。**

14）使用高压气枪吹净动力电池总成表面，用无纺布清洁动力电池顶部，检查通气孔有无脏污、堵塞（图 2-1-32），检查并紧固动力电池总成外罩固定螺栓。

图 2-1-31　缓慢降下平台车

图 2-1-32　检查通气孔有无脏污、堵塞

2. 安装动力电池的操作步骤与注意事项

1）安装前应检查车身底盘上的动力电池总成固定螺栓孔是否正常，检查螺纹应无损坏和拉丝，检查动力电池系统、电源线是否出现进水现象。使用动力

电池气密性检测专用工具，检查电池组箱总成气密性。

2）安装步骤与拆卸动力电池的步骤相反。**注意：应按照维修手册的要求，分别安装并预紧动力电池总成后部 3 颗固定螺栓、前部 2 颗固定螺栓、左右各 7 颗固定螺栓。**使用扭力扳手按照后部、前部、左右两侧的顺序分别紧固动力电池总成的固定螺栓，拧紧力矩为 78N·m。安装动力电池搭铁线固定螺栓后，应使用数字式万用表检测动力电池接地电位线的电阻值。

3）添加冷却液，完成车辆上电操作步骤，确认仪表"READY"指示灯能够正常点亮。使用检测仪器检测并记录诊断信息，例如动力电池系统（BMS）、整车控制单元（VCU）、动力电子单元（PEU），检查是否有故障码，必要时清除历史故障码。读取并记录动力电池单体电池电压、温度、电池总电压、SOC（剩余电量）等数值。

4）检测完毕后关闭机舱盖，做好 7S 工作，并对车辆进行路试，检查车辆动力系统是否正常。

任务二　电池管理器的认知与检修

✏️ 任务目标

知识目标

1）了解电池管理器的作用与安装位置。

2）掌握电池管理器的功能。

3）了解高压系统上电控制流程。

技能目标

1）能够读取电池管理器的故障码并进行故障分析。

2）能够读取并分析电池管理器的数据流。

3）能够规范完成电池管理器线束及插接器的检查与测量。

4）能够分析动力电池的常见故障。

素养目标

1）通过对电池管理器的认知与检测学习，提高创新意识。

2）培养学生热爱学习、潜心研究的工匠精神。

3）培养学生理论联系实际、发现问题和解决问题的能力。

✎ 任务导入

动力电池组的
性能检测

一辆纯电动汽车组合仪表上的动力电池故障指示灯点亮，车辆无法上电，你的技术主管通过诊断仪器检测发现无法与电池管理器进行通信。作为维修技师，你接到这辆车以后，如何开展故障诊断和维修？

知识储备

一、电池管理器的作用与安装位置

1. 电池管理器的作用

动力电池管理系统（BMS）能够对动力电池组总电压、总电流、单体电芯电压和温度参数进行实时监控，并进行故障诊断、SOC（剩余电量比）计算、短路保护、漏电监测、报警显示、充放电模式选择等。电池管理器（BMC）是 BMS 的核心部件，可以将动力电池相关参数上报整车控制器（VCU），由 VCU 控制动力电池的充电和放电功率。电池管理器作为动力电池和整车控制器（VCU）以及驾驶者沟通的桥梁，通过接触器控制动力电池组的充放电，并向整车控制器上报动力电池系统的基本参数及故障信息。电池管理器不仅要保证电池安全可靠的使用，而且要充分发挥电池的能力和延长电池的使用寿命，是电池保护和管理的核心部件。

2. 电池管理器的安装位置

目前，大多数纯电动汽车的电池管理器位于动力电池内部，少数车型的电池管理器安装在前机舱内。2016 款比亚迪 e5 采用分布式电池管理系统（BMS），由 1 个电池管理器（BMC）和 13 个电池信息采集器（BIC）及 1 套动力电池采样线组成，BMC 安装在高压电控总成后方，如图 2-2-1 所示。2020 款比亚迪秦的电池管理器如图 2-2-2 所示。

图 2-2-1　比亚迪 e5 电池管理器

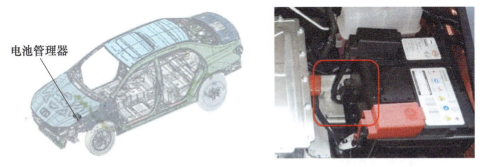

图 2-2-2　比亚迪秦电池管理器

北汽 EU260 的动力电池管理器位于动力电池总成内部，如图 2-2-3 所示。

图 2-2-3　北汽 EU260 电池管理器

　　吉利 EV300/EV450 动力电池管理器安装于动力电池总成内部，它是电池管理系统核心部件。如图 2-2-4 所示，吉利 EV450 动力电池管理器与车辆通信的接口有两个，分别为整车通信 12P-A 和整车通信 12P-B，均位于动力电池总成的前面。2021 款大众 ID.4 电池管理器安装在动力电池内部，如图 2-2-5 所示。

图 2-2-4　吉利 EV450 动力电池高压、低压接口　　图 2-2-5　大众 ID.4 电池管理器

域集成控制技术是今后控制单元的一个发展方向。动力域集成控制器（VBU）将整车控制器（VCU）与电池管理系统（BMS）集成在一起，能够更高效、精准地管理三电系统，同时便于平台扩展及快速升级迭代。采用 VBU 集成技术的代表车型是国产天际 ME7 电动汽车，如图 2-2-6 所示。

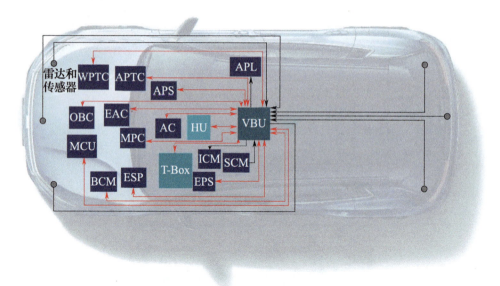

图 2-2-6　动力域集成控制器（VBU）

二、电池管理器的功能

电池管理器常见的功能可以分为数据采集、状态分析、均衡控制、热管理和安全保护通信与故障诊断。

1. 数据采集

数据采集的对象一般为电压、电流和温度，这也是电池管理系统的最基本功能，在实际使用过程中，电池在不同温度下的电化学性能不同，导致电池所放出的能量是不同的，锂离子动力电池对电压和温度比较敏感，因此在对电池的 SOC 进行评估时必须考虑温度的影响。

2. 状态分析

对电池状态的分析主要是电池剩余电量及电池老化程度两个方面，即 SOC 评估和 SOH 评估。电池荷电状态（State of Charge，SOC）是蓄电池放电后剩余容量与电池额定容量的百分比。SOC 估算对于电池管理系统来说非常重要，它不仅是反映过充或过放的主要依据，还一定程度上把握着电池的健康信息。电池的 SOH（电池的健康状态）在使用过程中受到温度和电流等持续影响而需要不断进行分析，以确保 SOC 分析的准确性。

3. 均衡控制

由于生产制造和工作环境的影响会造成单体电池的不一致性，在电压、容量和内阻等性质上出现差异，导致单体电池在实际使用过程中有效容量和充放电电量是不一样的。如果没有对电池进行均衡控制，由于 BMS 的保护功能设置，就会出现某个单体电池充满电时，其他单体电池没有充满，或者某个最小电量的单体电池放电截止时，其他单体电池还没有达到放电截止限制的现象。一旦出现过充或者过放，电池内部就会发生一些不可逆的化学反应，导致电池的性能受到影响，从而影响电池的寿命。

4. 热管理

动力电池组采用热管理的作用是：通过对动力电池组冷却或加热，保持动力电池组较佳的工作温度，以改善其运行效率并提高电池组的寿命。动力电池组作为电动汽车的动力能源，其充电和做功时的发热一直阻碍着电动汽车的发展。动力电池组的性能与电池温度密切相关，40℃以上的高温会明显加速电池的衰老，更高的温度（例如 120℃以上）则会引发电池热失控。

动力电池组热管理的工作状态包括：电池组在充放电时会释放一定的热量，故需要对电池组进行冷却；在低温环境下，需要对电池组进行加热处理，以提高运行效率。常见的冷却方式有风冷、水冷和制冷剂冷却。

5. 安全保护

安全保护作为整个 BMS 最重要的功能，是基于前面四个功能而进行的，主要包括过电流保护、过充过放保护、过温保护和绝缘检测。

（1）过电流保护　当充放电电流过大时，会导致电池的实际容量减小，影响电池的使用寿命，严重时还会影响电池的安全性，BMS 会判断电流值是否超过安全范围，一旦超过就会采取相应的安全保护措施。

（2）过充过放保护　在充电过程中，充电电压超过电流截止充电电压时，会导致电池容量变小，并且电压过高会造成正负极短路而引发爆炸。BMS 会检测系统中单体电池的电压，当电压超过充电限制电压时，BMS 会断开充电回路。过放会给电池造成不可逆的伤害，给过度放电的电池充电时会有内部短路或者漏液的可能。当电压超过放电限制电压时，BMS 会断开放电回路。

（3）过温保护　长时间处于高温环境下，动力电池的使用寿命会缩短，而低温下电池的充电容量会变得很低，同时产生安全隐患。BMS 能够在电池温度过高或者过低时，禁止进行充放电。

（4）绝缘检测　绝缘检测功能也是保证电池系统安全的重要功能之一。电池系统的电压通常高达几百伏，一旦漏电将会对人员构成危险。BMS 会实时检测总正、负极对车身的绝缘电阻，如果绝缘电阻值低于安全范围，则会上报故障并断开高压电。

三、高压系统上电控制流程

在了解高压系统上电控制流程以后，对于排除高压系统无法上电的故障就会有清晰的思路。图 2-2-7 是装备充配电总成（"三合一"）和集成式电机控制系统的高压系统原理图，在动力电池包内安装有 3 个继电器（接触器），分别为正极继电器（主接触器）、负极继电器、预充继电器，在充配电总成内安装直流充电正极继电器、直流充电负极继电器。

高压系统上电控制流程如下：

1）低压电路接通及唤醒 BMS：车身控制模块（BCM）接收到起动按钮（钥匙 ON 位信号）、制动踏板开关及防盗模块信号（例如转向柱锁、钥匙等），控制相应的低压 IG 继电器工作，BMS、MCU、VCU 等控制单元获取 12V 电源高位唤醒信号，开始进行上电前的初始化（自检）。

2）BMS 初始化，执行高压诊断 1（高压自检）：BMS 初始化内容包括检测外围输入输出接口，读取 BMC EEPROM 中存储的可用容量、SOC、故障等信息，检测单体电池电压、温度状态，进行高压诊断 1，包括 MSD 电池维修开关

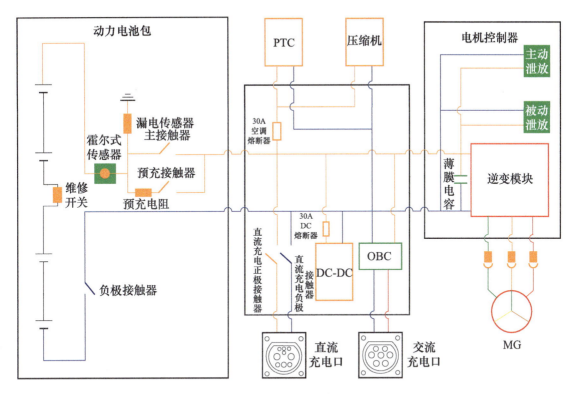

图 2-2-7　高压系统原理图

检测、电池绝缘检测、总电压及总电流检测、负极继电器粘连检测、正极及预充继电器同时粘连检测、动力电池高压互锁检测。

3）BMS 执行高压诊断 2：如果高压诊断 1 无故障，进入 BMS 高压诊断 2，包括判断负极继电器断路、预充电阻断路、预充继电器粘连、电池正极继电器粘连。

4）开始预充电：如果 BMS 高压诊断 2 无故障，电池管理器（BMC）先闭合负极继电器，100ms 后再闭合预充继电器，开始预充电。在 20ms 后开始进行高压诊断 3。

5）高压诊断 3：预充电过程中执行高压诊断 3 第一部分（检测预充继电器断路故障）。若无故障，进入步骤 6）。

6）BMS 判断 V1 与 V2 的电压差：通过电压传感器判断电池包总电压（V1）与电机控制器直流母线电压（V2）的差值，如果预充继电器闭合后的 750ms 内 V1 与 V2 的差值小于等于 V1 的 5% 时，进入步骤 7）。

7）电池管理器（BMC）控制正极继电器吸合，20~100ms 后断开预充继电器，之后进行高压诊断 3 第二部分检测（正极继电器断路故障），如果高压诊断

3 第二部分检测正常，20~100ms 后在网络上更改正极继电器和预充继电器状态，并发送"预充电完成"报文。

8）允许 OK 或 READY 灯点亮：VCU 监测到 BMS"预充电完成"、检测各分系统无故障，且 MCU 上报的"直流母线电压"正常后，此时，VCU 向仪表控制单元发送"上电指示灯点亮"指令（仪表点亮"OK"或"READY"灯），同时向 BMS 发送"保持当前状态"指令，完成上电过程。

9）VCU 监测到档位信号为"D"或"R"时，向 MCU 发送"驱动电机使能"指令，驱动整车正常运行。

正极继电器、负极继电器和预充继电器的工作状态见表 2-2-1。

表 2-2-1　继电器工作状态

序号	预充继电器状态	负极继电器状态	正极继电器状态	预充状态	备注
1	断开	断开	断开	未预充	—
2	吸合	吸合	断开	正在预充	预充继电器闭合 20ms 后开始高压诊断 3-1（诊断预充继电器断路故障），判断 V1 与 V2 的差值
3	吸合	吸合	吸合	正在预充	若高压诊断无故障，预充继电器闭合后 750ms 内闭合正极继电器
4	断开	吸合	吸合	预充完成	正极继电器闭合 20ms 后，断开预充继电器，之后进行高压诊断 3-2（诊断正极继电器断路故障），若无故障，BMS 向 VCU 发送"预充电完成"报文

四、电池管理器的数据流

大众 ID.4 电池管理器的数据流见表 2-2-2。

表 2-2-2　大众 ID.4 电池管理器的数据流

编号	名称	数值（未上电）	数值（已上电）
1	端子 30 电压	11.762 V	13.778 V
2	蓄电池电量	90.400 %	90.400 %
3	通过 CAN 的端子 15 状态	接通	接通
4	发动机防盗锁口令	1C8CF779	1C8CF779
5	组件保护属性 - 主设备 ECU 钥匙	受组件保护管理	受组件保护管理
6	高压蓄电池绝缘测量测试电压	500V	500V

（续）

编号	名称	数值（未上电）	数值（已上电）
7	高压系统电压 – 接触器后的高电压	0.000 V	392.000 V
8	高电压 / 混合动力电池冷却温度 – 排气	20℃	20℃
9	高电压 / 混合动力电池冷却温度 – 进气	21℃	21℃
10	碰撞信号	未激活	未激活
11	功率降低状态	未激活	未激活
12	红色警告灯 – 接通请求	未激活	未激活
13	黄色警告灯 – 接通请求	未激活	未激活
14	最高测得的温度 – 数值	21.125℃	21.125℃
15	最高测得的温度 – 温度传感器	1	1
16	最低测得的温度 – 数值	20.250℃	20.250℃
17	最低测得的温度 – 温度传感器	12	12
18	整个高压系统正极绝缘电阻	4300 kΩ	4260 kΩ
19	高压蓄电池正极绝缘电阻	10000 kΩ	10000 kΩ
20	整个高压系统负极绝缘电阻	4360 kΩ	4320 kΩ
21	高压蓄电池负极绝缘电阻	10000 kΩ	10000 kΩ
22	高电压 / 混合动力电池的负极端子保护	打开	已关闭
23	高电压 / 混合动力电池的正极端子保护	打开	已关闭
24	充电接触器负极触点状态	打开	打开
25	充电接触器正极触点状态	打开	打开
26	蓄电池电解槽最大电压 – 数值	4.090 V	4.090 V
27	蓄电池电解槽最大电压 – 索引	42	42
28	蓄电池电解槽最小电压 – 数值	4.085 V	4.085 V
29	蓄电池电解槽最小电压 – 索引	28	28
30	高电压蓄电池的电压	392 V	392 V
31	高压 / 混合蓄电池电流	0.000 A	−0.660 A
32	高电压 / 混合蓄电池电流 2	0.000 A	−0.640 A
33	温度传感器 1	21.125℃	21.125℃
34	温度传感器 24	20.500℃	20.500℃
35	高电压蓄电池冷却液泵，功率标准值	0 %	0 %
36	高电压中间回路电容紧急放电请求	未激活	未激活
37	电机转速	0 r/min	0 r/min
38	车速	0 km/h	0 km/h

五、电池管理器的故障检修

1. 电池管理器的故障模式

电池管理器故障模式包括电压采样功能异常、温度采样功能异常、熔断器烧毁，电池管理器与 CSC 采集器、整车模块 CAN 总线失去通信、信号采集异常（漏电检测信号、碰撞信号、动力电池电流信号等）、电池管理器其他故障（充电管理、放电管理、接触器控制、电池均衡、数据记录、SOC 计算功能、SOH 计算功能）等。

2. 电池管理器的常见故障

（1）电压采样功能异常

1）电压采样异常：电池管理器内部故障可能导致采集到的动力电池的单节电压、总电压失真，导致车辆无法正常使用。

2）出现总电压采样过高或过低时，车辆动力会自动切断，仪表动力电池故障指示灯亮。

3）出现单节电压采样过低时，车辆 SOC 进行修正（2.5V 时 SOC 修正为 0），车辆动力会自动切断，仪表动力电池故障指示灯亮。

4）出现单节电压采样过高时（常温 4.29V，视不同条件而定），车辆动力会自动切断，仪表动力电池故障指示灯亮。

（2）温度采样功能异常

1）温度采样异常：电池管理器内部故障可能造成采集到的动力电池的单节温度失真，导致车辆无法正常使用。

2）温度采样异常较为严重时，车辆动力会自动切断，仪表动力电池过热故障指示灯亮。

（3）电池管理器熔断器烧毁

1）由于外部电流过大导致电池管理器熔断器烧毁，使得管理器无法正常供电工作。

2）出现电池管理器熔断器烧毁时，管理器没有工作电压进行工作，无法与车辆其他模块进行信息交换，导致车辆无法正常起动到"READY"或"OK"电。同时可能导致 BMS 无法进行正常充电。

（4）电池管理器其他故障　例如充电管理、放电管理、接触器控制、电池均衡、数据记录、SOC 计算功能、SOH 计算功能等故障，视具体情况解决故障。例如，BMS 出现"严重漏电故障"或"一般漏电故障"等绝缘性故障时，应检查动力电池、驱动电机及控制器、车载充电机、空调压缩机和 PTC 等高压部件及高压线束的绝缘电阻值。维修时应充分结合诊断仪器、维修资料、电路图、技术通报、零配件等要素，才能准确快速找出故障部位。

电池管理器无法通信的检修案例

技能大赛与 1+X 考证

1. 新能源汽车检测与维修赛项模拟故障设置点

模块	故障现象	所属系统（范围）	故障部位（点）	说明
模块1	高压供电不正常	动力电池管理系统	BMS 通信故障、接触器低压控制线路等故障	教师结合车型、维修资料，设置并验证故障点，学生在实训工单上填写相关信息
		总线系统	CAN 总线断路、对地短路、互短或终端电阻过大、过小等故障	
		主继电器相关线路	主继电器相关线路断路或短路故障等	
模块3	高压接触器异常	高压控制系统	主正继电器、主负继电器线路故障等	
	互锁线路异常		互锁线路断路，插头未连接	
	预充信号异常		预充继电器故障、预充电阻故障、预充继电器线路故障	
	电池信号异常	电池管理系统	电池电压或温度传感器线路故障等	
	电池管理器线路异常		电池管理器线路断路、短路等故障	

2. "1+X" 证书强化训练项目

模块	考核内容	所属系统（范围）	考核要求	说明
2-3（初级）	漏电传感器，驱动电机温度传感器	读线路图与电子元件检查	查询并填写漏电传感器、驱动电机温度传感器相关电路图信息、端视图信息	结合车型以及维修资料、电路图进行故障验证
2-1（中级）	电池管理器电路检测	电池系统功能检测与维修	动力电池外观检查、动力电池开盖后性能检测、电池管理器电路检测	

任务三 动力电池内部组件的检修

✎ 任务目标

知识目标

1）了解动力电池内部组件的安装位置和工作原理。

2）能够描述动力电池内部组件的拆装方法。

技能目标

1）能正确检查和拆装电流传感器和温度传感器。

2）能够更换动力电池安全箱内部的接触器。

素养目标

1）培养学生具备责任意识，勇于承担责任，敢于担当责任。

2）通过团队共同完成任务工单，培养学生具备团队合作精神，提高团队工作效率。

3）能够严格执行新能源汽车维修规范，养成严谨科学的工作态度。

✎ 任务导入

一辆 2020 款比亚迪秦纯电动汽车无法上"OK"电，使用诊断仪器读取动力电池管理器的故障码为"P1A4200——负极接触器烧结故障"。作为维修技师，你接到这辆车以后，如何开展故障诊断和维修？

知识储备

一、动力电池内部组件和功能

动力电池的组成部件主要包括各电池模组、CSC 采集系统、电池管理器（BMU）、电池高压分配单元（B-BOX）、电池内部冷却系统、电池内部加热系统等部件。

1. 电池高压分配单元（B-BOX）

电池高压分配单元由高压正极继电器、高压负极继电器、预充继电器、预充电阻和电流传感器组成，部分车型还包括直流充电继电器、电池加热继电器。

1）主继电器。动力电池内部的主继电器包括高压正极继电器、高压负极继电器，其作用是接通和关闭高压系统。图 2-3-1 所示为北汽 EX360 动力电池内部的正极继电器、预充继电器安装位置，图 2-3-2 所示为负极继电器。

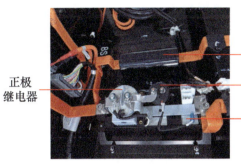

图 2-3-1　北汽 EX360 正极继电器　　　图 2-3-2　北汽 EX360 负极继电器

2）预充继电器和预充电阻。安装位置因车型而异，大部分电动汽车的预充继电器和预充电阻安装在动力电池箱内部，例如北汽 EU260/EX360、吉利 EV300/EV450，广汽合创 007/Z03 系列；有些安装在"四合一"或"三合一"内部，例如比亚迪 e5。预充继电器用于预负载，在闭合正极继电器、负极继电器前，以小电流预充高压系统上的电容器，检查高压车载网络上的连接是否正常，同时避免高电压对高压部件的冲击。

如图 2-3-3 所示，2021 款大众 ID.4 动力电池内部的高压配电箱区分为正极控制配电箱、负极控制配电箱，正极配电箱包括正极继电器、直流充电正极继电器、高压系统熔丝、电池加热装置温度传感器。负极配电箱包括负极继电器、直流充电负极继电器、高压熔断器、电流传感器、电池加热装置温度传感器。

图 2-3-3　大众 ID.4 高压配电箱和电池管理器

高压继电器的内部电路如图 2-3-4
所示，继电器（接触器）线圈的电源电压
为 12V 左右，通过低压电路控制高压电
路的接通或断开。

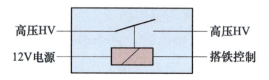

图 2-3-4　高压继电器内部电路

🔧 **小知识**　电动车动力电池为什么需要安装预充电路？

图 2-3-5 所示为预充电路原理图，在车辆上"READY"或"OK"电时，为
缓解对高压系统的冲击，电池管理器先吸合负极继电器和预充继电器，电池包
的高压电经过预充继电器并联的限流电阻后加载到电机控制器母线上，对电机
控制器内的电容器进行预充电，电机控制器检测到母线上的电压与电池包电压
的差值为电池包总电压的 5% 以内时，电池管理器收到预充满信号后控制主继
电器吸合，断开预充继电器。

如果没有预充电路，则高压电路中的电容器将流过很高的接通电流，正极
继电器、负极继电器以及电机控制器、PTC、压缩机控制器将很容易损坏。

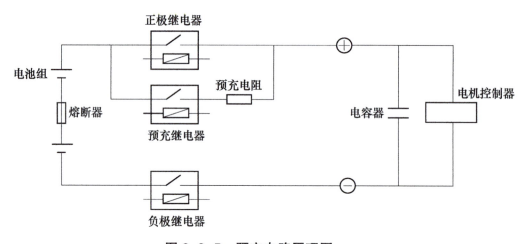

图 2-3-5　预充电路原理图

3）霍尔式电流传感器。霍尔式电流传感器用于监测动力电池包正极的
充、放电电流。不同的车型，霍尔式电流传感器的安装位置有所不同，有些安
装在动力电池内部，有些安装在动力电子单元（PEU）或高压电控总成内部。
图 2-3-6 所示为 2020 款比亚迪秦动力电池高压配电箱内部的霍尔式电流传感
器，该传感器安装在动力电池内部的高压配电箱正极接线柱上。2015～2018 款
比亚迪 e5 霍尔式电流传感器则安装在前机舱高压电控总成内部，如图 2-3-7
所示。

图 2-3-6 比亚迪秦霍尔式电流
传感器

图 2-3-7 比亚迪 e5 高压电控总成霍
尔式电流传感器

4）直流充电继电器（快充）。一部分车型将直流充电继电器安装在动力电池内部，例如吉利 EV300/EV450、广汽合创电动汽车，这部分车型的直流充电口高压线束直接与动力电池相连；一部分车型安装在动力电子单元或高压电控总成内部，例如北汽 EU260、EX360、比亚迪 e5，这部分车型的直流充电口高压线束先经过 PEU 内的直流充电正极继电器、直流充电负极继电器后，再通过直流母线对动力电池进行充电。如图 2-3-8 所示，吉利 EV300 直流充电继电器安装在动力电池箱内。

图 2-3-8 吉利 EV300 高压继电器

直流充电继电器由电池管理器控制，当进行直流充电时，电池管理器与快充桩内部控制单元在配置阶段时（通信正常且无故障），电池管理器闭合直流充电继电器和主负继电器，使直流充电回路导通。图 2-3-9 所示为吉利 EV300/EV450 直流充电继电器的工作原理图，这类车型的快充口高压线束直接与动力电池相连接，因而将直流充电继电器安装在动力电池内部。

5）加热继电器和加热熔断器。为了最大化高压蓄电池单元的使用寿命，并且达到尽量大的功率，动力电池应在规定的温度范围内运行。原则上，

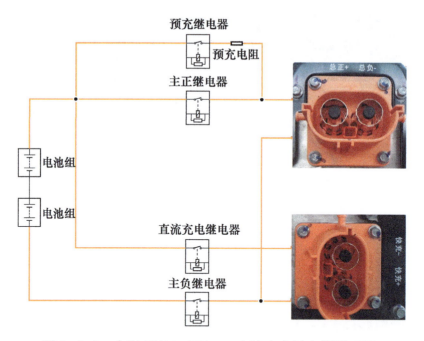

图 2-3-9　吉利 EV300/EV450 直流充电继电器原理图

在 −20~45℃ 的范围内高压蓄电池单元工作准备就绪，这一温度极限指的是单格电池的实际温度，而非外部温度。根据不同车型的装备，部分车型动力电池内部安装有一个加热装置，主要包括加热器、加热继电器、加热熔断器、加热控制器等部件。图 2-3-10 所示为北汽 EX360 动力电池加热装置的部件位置图。

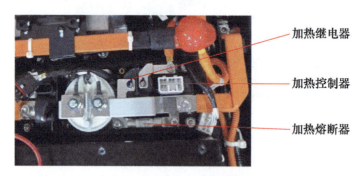

图 2-3-10　北汽 EX360 加热继电器和加热熔断器

动力电池内部的加热继电器指在冬天低温天气充电时，向动力电池提供加热的继电器，并不是指暖风系统的 PTC 加热继电器。以宝马 i3 为例，当电芯温度低于 10℃ 时，高压蓄电池的加热装置开始工作。加热装置仅在充电过程中（充电插头插在充电接口上）受控，以将高压蓄电池的温度控制在最佳温度范围内。电池加热继电器的控制原理如图 2-3-11 所示。

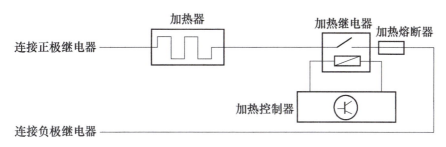

图 2-3-11　电池加热继电器控制原理

2. 电压传感器和温度传感器

　　每一个电池单元有多个 CSC 采集系统，以监测每个电池模组单体电压、温度信息，然后将相关信息上报电池控制单元（BMU）并根据 BMU 的指令执行单体电压均衡。CSC 采集系统主要由电压传感器、温度传感器、CSC 采集模组等组成。电芯的电压和温度采集点通过铆接方式与极板相连，吉利 EV300 电芯电压和温度传感器采集线束如图 2-3-12a 所示，比亚迪 e5 电芯电压和温度传感器采集线束如图 2-3-12b 所示。

a）吉利 EV300 电芯电压和温度传感器采集线束　　b）比亚迪 e5 电芯电压和温度传感器采集线束

图 2-3-12　电芯的电压和温度采集传感器

3. 高压熔断器

　　高压熔断器是高压电路的短路保护装置，它串联在动力电池模组内部，图 2-3-13 所示为北汽 EX360 动力电池内部的高压熔断器。

4. 高压维修开关

　　高压维修开关指在车辆维修时用来切断动力电池高压输出的开关或相关装置。目前主要有两种类型，一种是安装在动力电池高压系统上的手动维护开关（MSD），另一种是高电压保养插头

图 2-3-13　高压熔断器

采用低电压保养断开装置。

图 2-3-14 的手动维护开关（MSD）是一种高压、大电流机械式开关，串接在整个动力电池系统内部，起到接通断开功能，MSD 总成包含：插座（接触铜排、互锁装置）、插头（熔断器或铜排、互锁装置）、密封件等附属件。乘用车的安全等级较高，

图 2-3-14　手动维护开关（MSD）

MSD 必须安装在车内，在突发极端情况下，可以实现车内驾乘人员快速地切断高压回路，避免人员财产安全损失。目前仅有一部分电动汽车安装有高压维修开关，而且多为早期的电动车型。例如 2016 款吉利 EV300 车型，打开驾驶室内副仪表杂物箱开关，可操作维修开关。在高压零部件检查和维护前，断开维修开关可以确保切断高压系统。**注意：在操作维修开关时，首先确保电池对外无电流输出，即应将点火开关置于"OFF"状态，断开蓄电池负极，并且佩戴绝缘防护装备，方可拆卸维修开关，否则存在产生高压电弧的危险。**

采用低电压保养断开装置的高电压保养插头如图 2-3-15、图 2-3-16 所示，大众 ID.4 和宝马 i3 的高电压保养插头均安装在前机舱左侧位置。高电压

图 2-3-15　大众 ID.4 高电压保养插头

图 2-3-16　宝马 i3 高电压保养插头

保养插头是高压触点监测装置电路的一部分，相互脱开高电压保养插头和轴套（图 2-3-17），高压触点监测装置的电路断开，从而切断高压系统电源。在动力电池的高压接口上或其他高压组件上进行维修工作时，必须切断高压系统，断开该插头后，必须在组合仪表中确定高压系统无电压。

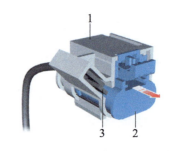

图 2-3-17　高电压保养插头

1—高压安全插头　2—轴套　3—U 形锁

5. 进水口温度传感器和出水口温度传感器

吉利 EV300 动力电池进水口温度传感器和出水口温度传感器如图 2-3-18 所示。

图 2-3-18 吉利 EV300 进水口和出水口温度传感器

6. 电池管理系统单元

电池管理系统单元分为主控单元和从控单元，从控单元主要采集电池模组的电压、温度，以及具有均衡功能。不同车型的动力电池，其从控单元的数量不尽相同，主控单元的安装位置也不同。大部分主控单元安装在动力电池内部，少部分车型的主控单元安装在动力电池外部。如图 2-3-19 所示，2015～2018 款比亚迪 e5 的电

图 2-3-19 比亚迪 e5 电池管理系统单元

池管理器安装在动力电池外部，前机舱内的高压电控总成后方，在动力电池内部安装有从控模块（CSC 模块），位于电池模组旁边，如图 2-3-20 所示。图 2-3-21、图 2-3-22 分别是吉利 EV300/EV450 和北汽 EX360 BMS 模块的安装位置。

图 2-3-20 比亚迪 e5 从控模块

图 2-3-21 吉利 EV300/EV450 BMS 模块

图 2-3-22 北汽 EX360 BMS 及从控模块

7. 电池系统内部冷却装置

动力电池冷却方式目前主要有三种，分别是风冷、水冷和制冷剂冷却。大多数动力电池主要采用水冷的方式，也有较少部分车型电池采用制冷剂冷却方式，例如宝马 i3 纯电动汽车、奔驰 S400 混合动力汽车。由扁铝管组成的热交换器（蒸发器）位于高压蓄电池单元的电池单元模块下方，且与冷暖空调的制冷循环回路连接。电池制冷剂冷却与 A/C 空调共用一个电动空调压缩机，但是装备单独的组合式膨胀和单向阀，即使不开空调系统，高压蓄电池仍然可以单独冷却。

2020 款比亚迪秦的动力电池内部液冷管路如图 2-3-23 所示，2015～2018 款比亚迪 e5 电池内部液冷管路如图 2-3-24 所示。

图 2-3-23　比亚迪秦电池内部液冷管路

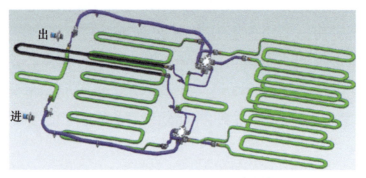

图 2-3-24　比亚迪 e5 电池内部液冷管路

二、动力电池内部组件的更换

以 2020 款比亚迪秦为例，该车无法上电，组合仪表上的整车故障指示灯点亮，读取动力电池管理系统（BMS）的故障码为"P014200——负极接触器烧结故障（间歇故障）"，如图 2-3-25 所示。读取 BMS 的数据流，观察"预充接触器状态、负极接触器状态、主接触器状态、预充状态"的数据流，发现预充状态显示"预充失败"，主接触器状态和负极接触器状态均显示"断开"，车辆无法正常上"OK"电，如图 2-3-26 所示。

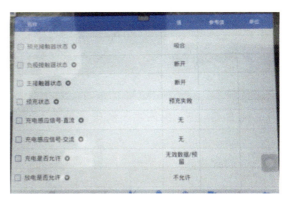

图 2-3-25 故障码   图 2-3-26 数据流分析

　　根据维修手册的提示，尝试多次上"OK"电，故障现象仍然存在。尝试清除故障码，发现故障码有时可以清除，但大多数情况下无法清除。通过故障分析，可能原因如下：动力电池内部的负极继电器烧结故障、负极继电器控制线路对地短路、BMS 模块故障。该车故障码较为明确，在检查负极继电器外部控制线路正常的前提下（比亚迪秦的电池管理器安装在动力电池外部），决定更换动力电池内部的负极继电器。下面将介绍更换负极继电器的拆装流程。

　　1）前期准备。

　　①人员防护工具：绝缘手套（耐压 1000V 以上）、帆布手套、绝缘鞋（耐压 1000V 以上）、绝缘胶布、防护面罩。

　　②操作工具：高压绝缘工具组件、举升机、简易支架车、套筒扳手组件、升降平台车。

　　2）完成高压系统切断后，按照维修手册的操作流程进行拆卸。拆卸过程中，注意动力电池及车辆上贴有的高压警示标识，同时对动力电池进行防护。非专业人员，不得随意打开高压蓄电池外罩。

　　3）拆卸高压继电器外罩（图 2-3-27），拆卸动力电池正极、负极桩头与高压继电器之间的连接螺栓，并做好绝缘防护措施（图 2-3-28）。

　　4）拆卸高压继电器上的相关附件，例如拆卸预充电阻（图 2-3-29），拆卸高压熔断器（图 2-3-30）。

图 2-3-27 拆卸高压继电器外罩

图 2-3-28 拆卸继电器附件

图 2-3-29 拆卸预充电阻

高压熔断器

图 2-3-30 拆卸高压熔断器

5）拆卸负极继电器（图 2-3-31），在安装新的负极继电器之前，有必要进行通电测试（图 2-3-32）。

图 2-3-31 拆卸负极继电器

图 2-3-32 对新的负极继电器进行通电测试

6）为了保险起见，本次维修同时更换了正极继电器和负极继电器（图 2-3-33），安装高压继电器相关附件（图 2-3-34）。

7）按照拆卸高压继电器的相反顺序进行安装，安装新的动力电池密封垫，并进行密封性能测试（图2-3-35）。添加电池冷却液至合适位置（图2-3-36）。

图2-3-33 更换正极和负极继电器

图2-3-34 安装高压继电器相关附件

图2-3-35 安装动力电池外罩

图2-3-36 添加电池冷却液

8）清除故障码，打开点火开关后，完成车辆上电，"OK"灯能够正常点亮（图2-3-37）。使用仪器检测BMS系统，清除故障码，读取数据流"预充状态"显示"预充完成"（图2-3-38），至此故障排除。2020款比亚迪秦电池系统原理如图2-3-39所示。

图2-3-37 仪表OK灯点亮

图2-3-38 预充完成

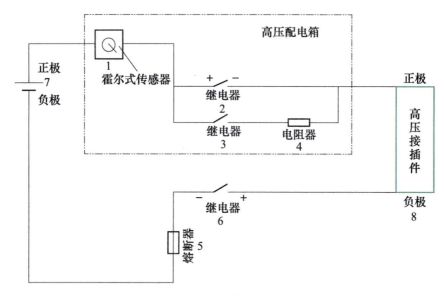

图 2-3-39　比亚迪秦电池系统原理图

1—霍尔式传感器　2—正极继电器　3—预充继电器　4—预充电阻

5—熔断器（800V 250A）　6—负极继电器　7—电芯　8—高压接插件

思考练习

一、单项选择题

1. 以下不会造成高压互锁锁止的是（　　　）。

    A. 电池包母线断开　　　　　　　　B. PTC 高压电源接插件松脱

    C. 电池包分压接触器电源断路　　　D. 维修开关未装

2. 新能源汽车接触器线圈的电源电压值为（　　　）。

    A. 9~16V　　　　　B. 5V 左右　　　　　C. 24 左右　　　　D. 220V 左右

3. 接触器烧结检测的执行单元是（　　　）。

    A. BMS　　　　　　B. OBC　　　　　　C. VCU　　　　　D. PEU

4. 下列哪一个接触器不会影响预充？（　　　）

    A. 主接触器　　　B. 预充接触器　　　C. 负极接触器　　D. 直流充电接触器

5. 单体电池电压过低，可能会造成的故障现象有（　　　）。

    A. 不能上电或限功率　　　　　　　B. 可以正常上电和行驶

    C. 全车无电　　　　　　　　　　　D. 防盗系统失效

6. 在电动汽车中，继电器的作用是（　　　）。

    A. 大电流控制小电流　　　　　　　B. 检测高压电

    C. 小电流控制大电流　　　　　　　D. 检测低压电

7.关于新能源汽车接触器的低压控制电路，以下说法正确的是（　　　）。

　　A.用高压电控制　　　　　　　　B.通过模块控制低压电

　　C.控制电脑模块　　　　　　　　D.控制负载

二、判断题

1.霍尔式电流传感器用于监测动力电池包正极的充、放电电流，所有的电流传感器都是安装在动力电池内部。（　　　）

2.一些车型将直流充电继电器安装在动力电池内部，例如吉利EV300/450、广汽合创电动汽车，这些车型的直流充电口高压线束直接与动力电池相连。（　　　）

3.预充继电器用于预负载，在闭合正极继电器、负极继电器前，以小电流预充高压系统上的电容器，检查高压车载网络上的连接是否正常，同时避免高电压对高压部件的冲击。（　　　）

4.在操作维修开关时，首先确保电池对外无电流输出，即应将点火开关置于"OFF"状态，断开蓄电池负极，并且佩戴绝缘防护装备，方可拆卸维修开关，否则存在产生高压电弧的危险。（　　　）

5.接触器控制线只有在接触器工作的时候拉低。（　　　）

6.动力电池故障指示灯亮起肯定是因为电池包温度过高。（　　　）

三、多项选择题

1.单体电池故障包括（　　　）。

　　A.过充　　　　　　B.过放　　　　　　C.漏电　　　　　　D.过温

2.接触器不吸合的原因可能是（　　　）。

　　A.电源线断路　　　B.控制线断路　　　C.线圈损坏　　　D.主触点烧结

3.电池信息采集器（BIC）的采集数据包括（　　　）。

　　A.单体电池或模块电压　　　　　B.电池重量

　　C.单体电池或电池模组的温度　　　D.电池组总电流

4.电动汽车高压主接触器通常有以下功能（　　　）。

　　A.汽车上电时（READY），将动力电池组连接到变频器

　　B.汽车下电时（READY），监控电池组和变频器之间的高压电路

　　C.车辆紧急停机时，断开动力电池组与变频器的连接

　　D.驱动系统被关闭时，断开动力电池组与变频器的连接

任务一 驱动电机的认知与更换

任务目标

知识目标

1）能够描述驱动电机的类型及特点。

2）掌握永磁同步电机的构造和工作原理。

3）掌握交流异步电机的构造和工作原理。

技能目标

1）能够识别出主流驱动电机的类型。

2）能够进行驱动电机总成的拆卸与安装。

素养目标

1）培养学生执着专注、精益求精、一丝不苟、追求卓越的工匠精神。

2）具有团队合作意识，共同完成驱动电机的更换任务。

3）能够严格执行新能源汽车维修规范，养成严谨科学的工作态度。

任务导入

一辆纯电动汽车的驱动电机发生故障，你的主管让你检测并更换驱动电机总成，你能够完成这个任务吗？

知识储备

驱动电动机的作用是将电源的电能转化为机械能，通过传动装置或直接驱动车轮和工作装置。驱动电机是纯电动汽车唯一的动力源，可向外输出转矩，驱动汽车前进或后退；同时也可以作为发电机发电。

一、电动汽车对驱动电机的性能要求

2021 年以来，一汽 – 大众 ID.4 CROZZ 等众多合资纯电动平台开发的车型不断增多（图 3-1-1），传统的发动机被驱动电机所代替。电动汽车由电动机驱动，电动机是电动汽车的关键部件，驱动电机在满足汽车行驶功能的同时，还应考虑行驶时的舒适性、环

图 3-1-1　一汽 – 大众 ID.4 CROZZ

境适应性和一次充电的续驶里程等性能，因此要求其具有比普通工业用电机还要严格的技术规范。要使电动汽车具有良好的使用性能，驱动电机应具有较宽的调速范围及较高的转速、足够大的起动转矩，还要具有体积小、重量轻、效率高、动态制动性强和能量回馈的性能。

1）调速范围宽：应包括恒转矩区和恒功率区，低速运行时输出的恒定转矩大，以满足汽车快速起动、加速、负荷爬坡等要求；高速运行时输出恒定功率，有较大的调速范围，以满足平坦的路面、超车等高速行驶的要求。

2）可靠性高：在任何情况下都要确保汽车具有高度的安全性及良好的抗振能力。

3）质量轻，体积小：应尽量采用铝合金外壳，同时转速要高，以减轻整车的质量，增加电机与车体的适配性，扩大车体可利用空间，从而提高乘坐的舒适性。

4）瞬时功率大，过载能力强：要保证汽车具有 4 ~ 5 倍的过载能力，以满足短时内加速行驶与最大爬坡度的要求。

5）电压高：在允许范围内尽量采用高电压，以减小电机和导线等装备的尺寸，特别是能够降低逆变器的成本，同时还要有高压保护装置。

6）环境适应性好：要适应汽车本身行驶的不同区域环境，即使在较恶劣的环境中也能够正常工作，具有良好的耐高温、耐潮湿性能。

7）制动再生效率高：在汽车减速时，能够实现反馈制动，将能量回收并反馈回电池，使得电动汽车具有最佳能量利用率。

二、驱动电机的类型及特点

1. 直流电机

直流电机是输出或输入为直流电的旋转电机，它是能实现电能和机械能互相

转换的电机。

有刷直流电机主要由定子、转子和外壳等部分组成。定子由定子铁心、励磁绕组等组成，也可以采用永久磁铁。转子由铁心、绕组（线圈）、换向器组成。

无刷直流电机是指无电刷和换向器的电机。其运行原理和有刷直流电机基本相同，但是换向时是通过电子换向来替代有刷电机的电刷和换向器。无刷直流电动机主要由电动机本体（定子和转子）、电子换向器和位置传感器三部分组成。

由于直流电机的转速范围和过载能力较低，因而这种电机更适用于微型代步车。目前市面上销售的纯电动汽车已经不再采用直流电机。

2. 交流感应（异步）电机

三相交流感应电机，又称"异步电机"，其转子置于旋转磁场中，在旋转磁场的作用下获得一个转动力矩。异步电机的主要特点是转子与定子磁场变化之间存在转速差。

异步电机具有调速范围宽、可靠性高、结构坚固等优点，目前在特斯拉、蔚来等中高端电动汽车中普遍采用。

3. 永磁式同步电机

永磁同步电机指转子与定子旋转磁场的转速同步的电机。永磁同步电机（Permanent Magnet Synchronous Motor，PMSM）由于其效率高、控制精度高、转矩密度大等特点被广泛地应用为电动汽车的驱动电机。

在电动汽车驱动电机里，永磁同步电机具有很多的优点。永磁同步电机的功率密度大，使得其具有体积小、重量轻的优点；与交流感应电机相比，永磁同步电机不需要励磁电流，可以显著地提高功率因数，减少定子损耗，而且，永磁同步电机在 25%～120% 额定负载范围内均可保持较高的效率和功率因数，使轻载运行时节能效果更为显著；永磁同步电机磁通密度高、动态响应快。高的永磁磁通密度、小的转子质量，带来高转矩惯量比，有效提高了永磁同步电机的动态响应能力；与直流电机和励磁同步电机相比，永磁同步电机的可靠性高；通过矢量控制，永磁同步电机具有精确的可控制性。

永磁同步电机的主要特点：

1）电机本身的功率效率高、功率因数高。

2）电机发热小，因此电机冷却系统结构简单、体积小、噪声小。

3）采用全封闭结构，无传动齿轮磨损、无传动齿轮噪声、免润滑油、免维护。

4）允许的过载电流大，可靠性显著提高。

永磁同步电机也有着一些缺点，由于采取永久磁体的励磁方式，失去了励磁调节的灵活性；可能会出现退磁效应；大容量永磁体制作困难，永磁同步电机现在还只能在中小功率的汽车中使用；永磁体的价格偏高，制约了它的使用范围。从永磁同步电机的综合性能与实际应用来看，在中小功率的电动汽车里，永磁同步电机具有广阔的应用前景。

4. 开关磁阻电机

开关磁阻电机的定子和转子铁心均由硅钢片叠压而成，利用冲片上的齿槽构成双凸极结构，定子产生扭曲磁场，利用"磁阻最小原理"驱动转子运动（图 3-1-2）。转子凸极上无绕组，其凸极个数为偶数，最少 4 个（2 对），最多 16 个（8 对）。如图 3-1-3 所示，定子由定子铁心和定子绕组组成。定子的凸极个数为偶数，最少 6 个，最多 18 个。

a）电动机和控制器

b）电动机结构

图 3-1-2 开关磁阻电动机及其结构

a）转子和定子

b）定转子组合

图 3-1-3 开关磁阻电动机转子、定子和定转子组合

开关磁阻电机具有良好的起动特性和低速特性、调速范围宽、负载特性好、电机紧固、免维护运行、高效节能等优点。但是电机噪声高、转矩脉动严重、非线性严重，目前在电动汽车中应用较少。这种类型的电机主要用于人工智能，如机械手、机器人的应用；需频繁换向的工业场合，如龙门刨、龙门铣等；需大范围调速的场合，如液压泵站、纺织机械；需长期低速运转但需恒转矩的工业场合，如输送带、工业流水线、油田抽油机、化工机械、油田机械等。

5. 轮毂电机

轮毂电机技术又称车轮内装电机技术，其布置非常灵活，可以根据汽车驱动方式分别布置在电动汽车的两前轮、两后轮或4个车轮的轮毂中，因此将电动车辆的机械部分大大简化（图3-1-4）。轮毂电机技术并非新生事物，早在1900年，保时捷就首先制造出了前轮装备轮毂电机的电动汽车。在20世纪70年代，这一技术在矿山运输车等领域得到应用。而对于乘用车所用的轮毂电机，日系厂商对于此项技术的研发开展得较早，目前处于领先地位，包括通用、丰田在内的国际汽车巨头也都对该技术有所涉足。

a）轮毂电机的内部结构　　　　　b）本田研发的轮毂电机实物

图3-1-4　轮毂电机

其缺点在于：

1）轮毂电机系统集驱动、制动、承载等多种功能于一体，优化设计难度大。

2）车轮内部空间有限，对电机功率密度性能要求高，设计难度大。

3）电机与车轮集成导致非簧载质量较大，恶化悬架减振性能，影响不平路面行驶条件下的汽车操控性和安全性。同时，轮毂电机将承受很大的路面冲击载荷，对电机抗振性能要求苛刻。

4）汽车大负荷低速爬长坡工况下容易出现冷却不足导致的轮毂电机过热烧

毁问题，电机的散热和强制冷却问题需要重视。

5）水和污物等容易集存在车轮部位，导致电机的腐蚀破坏，寿命和可靠性受影响。

6）轮毂电机运行转矩的波动可能会引起汽车轮胎、悬架以及转向系统的振动和噪声，以及其他整车声振问题。

轮毂电机技术的发展目前尚未达到理想阶段，将来会在轻量化、一体化、智能化、低成本化、冷却技术等方面取得突破，这项技术在未来电动汽车发展的舞台上将会大放异彩。

6. 不同类型电机的性能比较

不同的驱动电机，其特性也不尽相同，见表3-1-1。

表 3-1-1　电动汽车用电机的性能比较

性能	类型			
	直流电机	交流异步电机	永磁电机	开关磁阻电机
功率密度	低	一般	高	一般
转矩 – 转速性能	最好	一般	好	好
转速范围 /（r/min）	4000~6000	9000~15000	4000~10000	> 15000
功率因数	—	82~85	90~93	60~65
峰值效率（%）	85~89	94~95	95~97	85~90
过载能力（%）	200	300~500	300	300~500
恒功率区比例	—	1 : 5	1 : 2.25	1 : 3
电机尺寸 / 质量	大 / 大	中 / 中	小 / 小	小 / 小
可靠性	差	好	良	好
结构的坚固性	差	好	一般	优良
控制操作性能	最好	好	好	好

目前，我国以及日本、欧洲生产的电动汽车主要使用永磁同步电机。美国特斯拉更多在使用交流感应电机，也有部分车型使用永磁同步电机。开关磁阻电机由于振动、噪声、转矩波动大等问题还未大规模地使用。

三、电机布局

目前，在电动汽车上广泛采用的是永磁同步电机和交流异步电机。不同的电动汽车、不同的驱动类型，采用不同的电机类型。

1. 前轮驱动

目前，国内绝大多数紧凑型纯电动汽车采用前置电机布局，电机类型为永磁同步电机，例如广汽埃安 AION、吉利 EV450 或 EV Pro、比亚迪秦、北汽 EU260 等电动汽车。

图 3-1-5　一汽 – 大众 ID.4 后轮驱动电机

2. 后轮驱动

2021 款一汽 – 大众 ID.4 CROZZ 两驱版采用单电机，电机布局为后置，电机类型为永磁同步电机，如图 3-1-5 所示。

3. 双电机全轮驱动

双电机全轮驱动，电机类型可以是前置和后置都采用永磁同步电机，也可以前置电机为永磁同步电机，后置电机为异步电机，或者前异步电机、后永磁同步电机。

2021 款一汽 – 大众 ID.4 CROZZ 高性能四驱版采用双电机，电机布局为前置 + 后置，电机类型为前异步电机、后永磁同步电机。前电动机最大功率为 80kW，后电动机最大功率为 150kW，电动机总功率为 230kW。

从 2020 款蔚来 ES6 参数配置可以看出，四轮驱动的蔚来电动汽车，既可以前置和后置都采用永磁同步电机，也可以前置电机为永磁同步电机，后置电机为异步电机。

图 3-1-6　特斯拉 Model S 三电机全轮驱动

4. 三电机全轮驱动

以 2021 款特斯拉 Model S 三电机全轮驱动版为例，前置电机为永磁同步电机，后置电机为异步电机，如图 3-1-6 所示。

四、永磁同步电机的结构和工作原理

1. 永磁同步电机的结构

由永磁体励磁产生同步旋转磁场的同步电机称为永磁同步电机，它主要是

由定子和转子组成的（图 3-1-7）。定子由定
子铁心、定子绕组、机座、端盖等几部分组
成，铁心由硅钢片叠制而成，定子绕组是三
相对称绕组，其结构与三相交流感应电机定
子结构基本相同。转子由转子铁心和永磁体、
转轴组成，永磁体多采用稀土材料制作而成。

图 3-1-7　永磁同步电机的构造

（1）定子　永磁同步电机定子绕组的主
要电气参数、绕组形式与三相感应电机的定
子绕组一样，通入三相对称的交流电流即产生旋转磁场。

（2）转子　永磁同步电机转子采用径向永久磁铁做磁极，在旋转磁场的作
用下，转子将跟随旋转磁场同步旋转，旋转磁场的速度取决于电源频率。由于
在转子上安放永磁体的位置有很多选择，所以永磁同步电机通常会被分为三大
类：内嵌式、表面式及镶嵌式。

2. 永磁同步电机的工作原理

永磁同步电机的定子三相对称绕组通过三相
对称的交流电之后，会产生一个圆形的旋转磁场
（用一个旋转的永磁体代替），这个旋转磁场与转
子永磁体的磁场相互作用，将会拖动转子进行旋
转（图 3-1-8）。与交流感应电机不同，电机转子
的转速与旋转磁场的转速一定是相同的，不可能
有转速差。因为如果存在着转速差，旋转磁场和
转子磁极的位置就会不断发生改变，一段时间内，
旋转磁场和转子磁场 N、S 极相对，旋转磁场拖
动电机转子旋转，过一段时间，旋转磁场和转子
磁场 N、N 极相对，旋转磁场阻碍电机转子旋转，

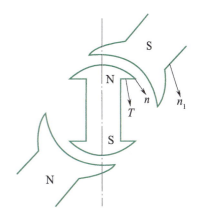

图 3-1-8　永磁同步电机的
工作原理

这样交替运转，电机转子所受平均力矩为零，电机转子不能运转。因此，永磁
同步电机工作时转子转速必须与旋转磁场转速相同，二者在空间的相对位置保
持不变，这样转子磁场才能有稳定的磁拉力，形成固定的电磁转矩。旋转磁场
的旋转方向取决于通入定子绕组中的三相交流电源的相序，只要任意调换电动
机两相绕组所接交流电源的相序，旋转磁场即反转。

如图 3-1-9 所示，当三相交流电被接入到定子绕组中，即产生了旋转的磁场，这个旋转的磁场牵引转子内部的永磁体，产生和旋转磁场同步的转矩。使用旋转变压器（简称旋变）检测转子的位置，使用电流传感器检测定子绕组的电流，从而控制驱动电机的转矩输出。

旋变信号的作用是检测驱动电机转子当前的旋转相位，电机控制器通过旋变信号计算当前的驱动电机转速。大多数旋变采用磁阻式，其结构如图 3-1-10 所示，旋变转子与驱动电机转子同轴连接，随电机转轴旋转。旋变定子内侧有感应线圈，安装在驱动电机定子上。驱动电机旋转时，带动旋变转子旋转。旋转变压器与电机控制器中间通过 6 根低压线束连接，2 根是从电机控制器发出的激励信号，另外 4 根分别是旋转变压器输出的正弦信号和余弦信号。6 根线当中任何一根线路出现故障都会导致驱动电机无法正常工作。

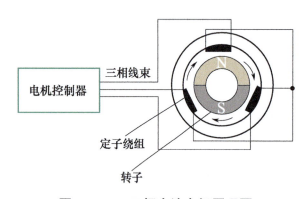

图 3-1-9 三相交流电机原理图

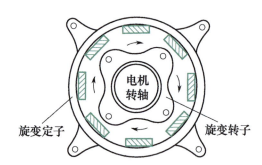

图 3-1-10 旋变内部结构图

3. 永磁同步电机的分类

根据电机的运行性能、控制系统、制造工艺和适用场合，转子的结构一般可以分为以下三种类型：内置式、表面式、镶嵌式（又称爪极式），表面式和镶嵌式属于外置式。外置式永磁同步电机的结构比内置式永磁同步电机简单，且具有制造容易、成本低等优点，因而工业上应用较多。其中，表面式永磁同步电机转子结构最为简单，与镶嵌式相比，它提高了转子表面的平均磁密，可以得到更大的电磁转矩。现阶段，工业上应用最多的是表面式永磁同步电机。

（1）内置式永磁同步电机 内置式永磁同步电机按永磁体磁化方向可分为径向式、切向式、U 形混合式、V 形径向式，如图 3-1-11 所示。在转子内部嵌入永磁体称为内置式永磁转子或内嵌式永磁转子。内置式永磁同步电机由于较高的磁显性，可产生额外的磁阻转矩分量，从而保持高速运行时的机械稳定性。

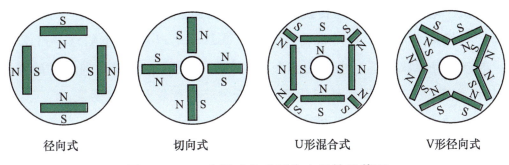

径向式   切向式   U形混合式   V形径向式

图 3-1-11 内置式永磁同步电机转子截面

（2）表面式（凸装式）永磁同步电机 永磁体磁极安装在转子铁心圆周表面上的转子称为表面凸装式永磁转子或表面式永磁转子。磁极的极性与磁通走向如图 3-1-12 所示，转子结构为一个 4 极转子，根据磁阻最小原理，磁通总是沿磁阻最小的路径闭合，利用磁引力拉动转子旋转，于是永磁转子就会跟随定子产生的旋转磁场同步旋转。

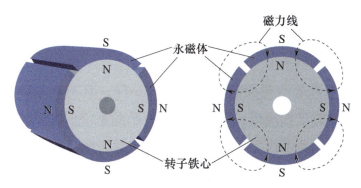

图 3-1-12 表面式永磁同步电机转子

（3）镶嵌式（又称爪极式）永磁同步电机 永磁体磁极嵌装在转子铁心表面的转子称为表面嵌入式永磁转子或镶嵌式永磁转子（图 3-1-13）。镶嵌式（又称爪极式）转子磁路结构不适用于电动汽车。

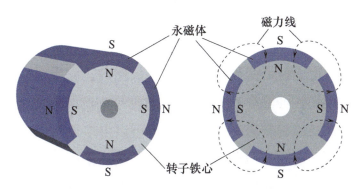

图 3-1-13 镶嵌式永磁同步电机转子

🔧 **小知识　电动汽车是否与传统燃油车一样有怠速功能呢？**

与传统燃油车不同，电动机没有怠速。高压上电以后（READY 或 OK 灯点亮），车辆在静止状态下，电机是不会运转的。即使车辆由静止到起步的临界状态，电机也可产生最大驱动转矩，可保证提供给车辆较好的加速度。

对于永磁同步电机，当三相交流电被接入到定子绕组中，即产生了旋转的磁场，这个旋转的磁场牵引转子内部的永磁体，产生和旋转磁场同步的转矩。

五、感应（异步）电机的结构与工作原理

三相感应电机又称为三相异步电机，其定子由定子铁心、定子绕组和机座、端盖等部分组成。转子绕组的作用是产生感应电动势、流过电流并产生电磁转矩，它是自成闭路的短路绕组。按照转子的结构形式区分，感应电机可分为绕线转子感应电机和笼型感应电机。两种电机的转子结构虽然不同，但工作原理是一样的。

1. 绕线转子感应电机

绕线转子感应电机是三相交流异步电机的一种，其特点是转子绕组不是笼型，而是用导线绕制的三相绕组，图 3-1-14 所示的是绕线转子感应电机定子铁心与绕组的结构。电机类型代号中，YR 表示绕线转子感应电机。

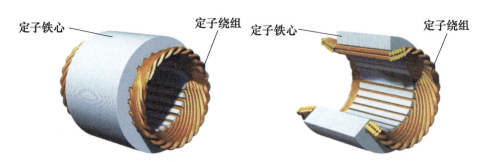

图 3-1-14　绕线转子感应电机的定子铁心与绕组

三相感应电机的定子铁心呈圆筒状，装入机座内，它是电机主磁通磁路的一部分。定子绕组由在空间相差 120° 角度、对称排列的结构完全相等的绕组组成。为了产生多对磁极的旋转磁场，每相绕组可以由多个线圈串联组成。每相绕组的各个导体按照一定的规律分散嵌放在定子铁心槽内。三相定子绕组要与交流电源相接。为此，将三相定子绕组的首、末端都引到固定的电动机外壳的

接线盒中。

转子是电动机的旋转部分，转子由转子铁心和转子绕组、转轴等组成。转子铁心是电机主磁通的一部分。转子铁心固定在转轴上，它与定子铁心一样，转子铁心也是由 0.5mm 厚的硅钢片冲压而成。转子外表面分布有冲槽，槽内安放转子绕组。图 3-1-15 所示的绕线转子铁心外圆有 18 个槽。转子绕组数量必须与定子绕组数量相同，对于功率较大的电机，多是 4 极以上。绕线转子的绕组与定子绕组一样，也是三相对称绕组。

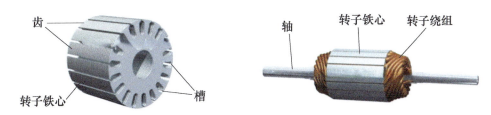

图 3-1-15　绕线转子感应电机的转子铁心与绕组

2. 笼型感应电机

笼型交流感应电机是用三相交流电产生的旋转磁场来带动电机转子旋转的，转子不是永磁的，也不是线绕电磁的，在转子铁心上镶嵌着一个笼型绕组（图 3-1-16）。在电动汽车的应用中，笼型感应电机应用较为广泛，其结构简单、造价低、结构坚固，而且维护起来也很容易。

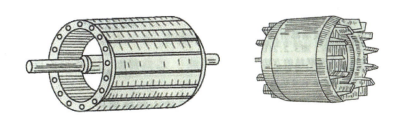

图 3-1-16　笼型感应电机的转子

笼型交流异步电机的定子绕组通上三相交流电产生旋转磁场，磁场旋转时，笼型转子的导条切割磁力线产生感应电流，有电流的导条又受到磁力的作用，笼型转子便旋转起来。通过改变磁极对数来调速的电机都是笼型转子电机。

3. 绕线转子感应电机与笼型感应电机的比较

绕线转子感应电机与笼型感应电机的特点见表 3-1-2。

表 3-1-2　绕线转子感应电机与笼型感应电机的比较

感应电机类型	特点
绕线转子	（1）结构复杂、价格较贵、维护工作量大 （2）转子外加电阻可人为改变电机的机械特性
笼型	（1）结构简单、价格低廉、工作可靠 （2）不能人为改变电机的机械特性

💧 **小知识　电动汽车在挂入 R 位时，是如何实现倒车的？**

其实电动汽车只要实现驱动电机的反转，就可以实现倒车功能。驱动电机旋转磁场的旋转方向取决于通入定子绕组中的三相交流电源的相序，只要任意调换电机两相绕组所接交流电源的相序，旋转磁场即反转，从而转子实现了反转。

六、驱动电机的更换

驱动电机总成
拆卸与安装

1. 前期准备

1）防护装备：工作服、绝缘鞋、护目镜、绝缘帽、绝缘手套。

2）北汽新能源 EU260 或其他纯电动汽车一辆，台架、部件总成。

3）波箱顶和收集盘，拆装专用工具、设备，新能源汽车维修组合工具一套。

4）其他：高压电维修警示牌、绝缘地垫、干粉灭火器、清洁剂、挡块、翼子板布、维修手册。

2. 高压系统电源切断和验电

1）将电动车辆停放在举升机工位，操纵点火开关置于 OFF 位置。

2）用十号扳手断开蓄电池负极，安装好蓄电池负极防护帽或包裹绝缘胶带，并设置警示标识，注意等待 5min。

3）戴绝缘手套，向上推动动力电子单元（PEU）上的直流母线插头卡扣保险，拆卸直流母线连接动力电子单元的接插件。用万用表测量直流母线端正负极电压，标准值应低于 1V。维修工作中应注意：对车辆做好标识，标明正在维修高压、禁止连接 12V 蓄电池。

3. 拆卸动力电子单元及其附件

1）将冷却系统的冷却液排出，并放入收集盘中，按相关标准进行处理（图 3-1-17）。

2）断开驱动电机三相交流线束与动力电子单元连接的高压接插件，并做好防护，如图 3-1-18 所示。

图 3-1-17　排放冷却液

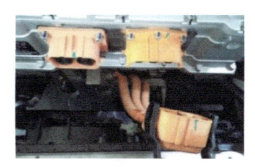

图 3-1-18　断开 PEU 高压接插件

3）断开驱动电机旋变传感器接插件并进行简单固定，防止在电机拆卸过程中损坏接插件（图 3-1-19）。

4）拆下动力电子单元高压和低压接插件，拆下冷却水管，如图 3-1-20 所示。

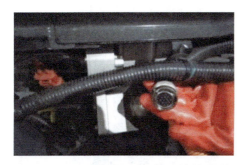

图 3-1-19　断开驱动电机的旋变传感器接插件

图 3-1-20　拆下动力电子单元总成的冷却水管

5）拆卸动力电子单元总成左侧的正负极螺栓。

6）拆卸动力电子单元总成螺栓（图 3-1-21），两位技师配合将动力电子单元从车上取下（图 3-1-22），平稳放置在工作台上。

图 3-1-21　拆卸动力电子单元总成螺栓

图 3-1-22　取下动力电子单元

4. 拆卸驱动电机及其附件

1）松开驱动电机冷却水管卡箍，脱开水管，如图 3-1-23 所示。

2）断开空调压缩机的橙色高压接插件和黑色低压接插件，如图 3-1-24 所示。

图 3-1-23　拆卸冷却水管

图 3-1-24　断开空调压缩机的高压接插件与低压接插件

3）如图 3-1-25 所示，使用空调冷媒回收设备对空调系统内的制冷剂进行回收，完成后拆卸低压接口和高压接口，并对接口进行封闭处理。

4）拆卸压缩机 4 个固定螺栓，取下压缩机，如图 3-1-26 所示。

图 3-1-25　回收制冷剂

图 3-1-26　拆卸空调压缩机

5）拆卸压缩机支架 3 个固定螺栓，取下支架，如图 3-1-27 所示。压缩机支架通过 3 个六角法兰面承面带齿螺栓的细牙固定在发动机本体上，紧固力矩：25~30N·m。

6）将收集盘放到右侧半轴油封下部，拆卸右侧半轴及过渡支架，如图 3-1-28 所示。**注意：右侧半轴的电机总成紧固力矩：（25±2）N·m；前制动器的半轴紧固力矩：（230±10）N·m。**

7）用举升装置对电机进行托举，如图 3-1-29 所示，拆卸前悬置支架（图 3-1-30）。**注意：紧固力矩为（90±5）N·m。拆下电机前支架的上部螺栓。**

图 3-1-27　拆卸压缩机支架

图 3-1-28　右侧半轴及过渡支架

图 3-1-29　使用波箱顶
对电机进行托举

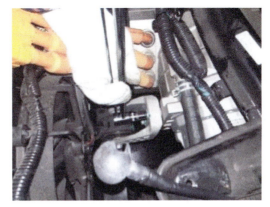

图 3-1-30　拆卸前悬置支架

8）如图 3-1-31 所示，拆卸电机上横梁连接支架，紧固力矩：（80±5）N·m。

9）如图 3-1-32 所示，拆卸驱动电机与减速器的 8 颗固定螺栓，紧固力矩：35~45N·m。

图 3-1-31　电机上横梁连接支架

图 3-1-32　驱动电机与减速器
的 8 颗固定螺栓

10）如图 3-1-33 所示，使用撬棒将电机与差速器分离。

11）将驱动电机与减速器脱开，平稳放到指定区域，如图 3-1-34 所示。

图 3-1-33　使用撬棒将电机与差速器分离

图 3-1-34　拆卸后的驱动电机

5. 安装驱动电机、PEU 及其附件

按照拆卸的相反顺序安装驱动电机、PEU 及其附件。更换驱动电机后，需要使用诊断仪器对驱动电机转子位置传感器进行标定匹配。

课后拓展

识别驱动电机类型的重要技巧是通过电机的铭牌来判断。从图 3-1-35 可以看出电机的型号为永磁同步电机，额定功率为 55kW，额定电压为 DC336V，峰值转速为 11500r/min，绝缘等级为 H 级，冷却方式为水冷，电机绕组相数为 3 相，防护等级为 IP67。电动机在额定工作状态下运行时，允许输出的机械功率叫作额定功率。电动机在额定工作状态下运行时，定子电路所加的线电压叫额定电压。

图 3-1-35　吉利 EV300 驱动电机铭牌

IP67 标准是指防护安全级别。IP 是 Ingress Protection Rating（或者 International Protection code）的缩写，它定义了一个界面对液态和固态微粒的防护能力。IP 后面为 2 位数字，第 1 个是固态防护等级，范围是 0~6，分别表示对从大颗粒异物到灰尘的防护；第 2 个是液态防护等级，范围是 0~8，分别表示对从垂直水滴到水底压力情况下的防护。数字越大表示能力越强。IP67 中的 6 表示防护灰尘吸入（整体防止接触，防护灰尘渗透），7 表示防护短暂浸泡（防浸）。防护等级最高实现的是 IP68 级别，这个 8 表示可以防持续浸泡。

任务目标

知识目标

1）能够描述驱动电机异响的故障原因。

2）能够描述驱动电机过热的故障原因。

技能目标

1）能够协助排除驱动电机异响的简单故障。

2）能够协助完成驱动电机过热的故障检查。

3）熟练使用绝缘电阻测试仪完成驱动电机绝缘电阻的检测。

4）能够独立进行驱动电机冷却回路密封性能测试。

素养目标

1）严格执行车间 7S 现场管理，具备全局观念，增强创新意识。

2）能够严格执行新能源汽车维修规范，养成严谨科学的工作态度。

3）能在熟悉情境中综合运用驱动电机异响、过热、绝缘故障检修的基本知识解决实际问题。

任务导入

一辆纯电动汽车的驱动电机在运转过程中出现"咔咔"异响故障，你的主管让你检修驱动电机总成，你能够完成这个任务吗？

知识储备

一、驱动电机异响故障的检修

1. 电机异响的原因

驱动电机异响故障集电气故障与机械故障于一体，其表现呈多样性，既有机械故障的一般特性，也有电气、磁场等故障的特殊特性。因此电机异响可以分为两类，即电机机械异响和电机电磁异响。

（1）机械故障　电机机械异响可能是由机械结构上的原因引起。常见的机械故障主要有扫膛、振动、轴承过热、损坏等。

1）电机扫膛：一般是轴承严重超差及端盖内孔磨损或端盖止口与机壳止口磨损变形，使电机座、端盖、转子三者不同轴心引起扫膛，如图 3-2-1 所示。

图 3-2-1　电机扫膛

2）振动多数是转子动平衡不好，以及轴承不良，转轴弯曲，端盖、机座与转子不同轴心，紧固件松动等造成。振动不但会产生噪声，还会产生额外负荷。

3）轴承过热多数是由于轴承的配合过紧或太松、轴承损坏等。

（2）电气故障　常见的电气故障有电压不正常、绕组绝缘故障、绕组短路、绕组断路、电机断相运行故障等，如图 3-2-2 所示。

匝与匝之间短路

a）匝与匝之间短路

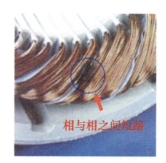

相与相之间短路

b）相与相之间短路

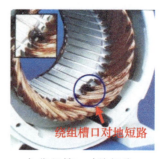

绕组槽口对地短路

c）绕组槽口对地短路

图 3-2-2　电机电气故障

电机机械故障与电气故障的故障部位与处理方法见表 3-2-1。

表 3-2-1　电机机械故障与电气故障的故障部位与处理方法

序号	故障原因	主要故障部位	处理方法
1	电机机械故障	电机转子扫膛：气隙不均匀，定子、转子存在摩擦	调整气隙，提高装配质量
		轴承过紧或过松	检查轴承并处理
		轴承磨损	检查并更换轴承
		轴承缺乏润滑脂	清洗轴承，添加规定量的润滑脂
2	电机电气故障	电机断相运行（绕组有故障）	检查绕组故障并处理
		相电流、电压不平衡	测量电源电压，检查电压不平衡的原因并处理
		绕组短路、接错等	检查绕组故障并处理

（3）电机电磁异响　电机电磁异响可能是由电机控制系统内部的原因引起。电磁异响的声音诸如"嗞嗞""咻咻"声音。驱动电机的电磁噪声在极低速输出大转矩时会变得更加明显。当遇到此工况时，电机控制器就会降低 IGBT 的变换频率，这时就会出现驱动电机的电磁噪声。这并不意味着电机控制器的特性或控制存在问题。

2. 电机异响故障的检修流程

以下步骤 1）~ 3）需要操作起动开关使电源模式至 OFF 状态后进行操作。步骤 4）~ 11）需要操作起动开关使电源模式至 OFF 状态，断开蓄电池负极电缆，断开直流母线。涉及高压部件，必须佩戴绝缘手套，遵守高压安全操作规程。

1）紧固电机固定螺栓。操作起动开关使电源模式至 OFF 状态，检查电机后端盖与悬架支架连接螺栓是否紧固，检查电机前端盖与减速器壳体连接螺栓是否紧固。

2）检查电机冷却系统。检查冷却管路有无老化、变形、渗漏，确认散热器、管路无水垢、堵塞现象。操作起动开关使电源模式置于 ON 状态，确认冷却液泵是否工作正常。

3）检查电机线束插接器是否插紧。操作起动开关使电源模式置于 OFF 状态，佩戴绝缘手套，检查电机低压线束插接器以及高压线束插接器是否插接牢固、无松脱。

4）检查驱动电机三相线束紧固力矩。操作起动开关使电源模式置于 OFF 状态，断开蓄电池负极电缆，断开直流母线。检查三相线束固定螺栓的紧固力矩（电机控制器侧）是否符合标准，检查三相线束固定螺栓的紧固力矩（电机侧）是否符合标准。检查电机控制器和电机工作环境是否存在滴水、泡水的情况（特别是在暴雨之类的强降雨天气）。

5）检测驱动电机三相线束是否存在相互短路故障。断开驱动电机控制器侧的三相线束插接器，断开驱动电机侧的三相线束插接器，使用数字式万用表分别测量 U–V 相、V–W 相、U–W 相线束插接器相互之间的电阻值，标准电阻值为 20kΩ 或更高。

6）检测驱动电机三相线束绝缘电阻。断开驱动电机控制器侧的三相线束插接器，使用绝缘电阻测试仪分别测量 U 相与车身接地、V 相与车身接地、W 相与车身接地之间的绝缘电阻，标准值应大于 20MΩ。

7）进行前后端盖清理检查。拆卸电机，用除锈清洗剂清洗端盖，确认端盖无灰尘、无杂物、无破损、无碰伤。用内径千分尺测量轴承室无磨损、甩圈，轴承室尺寸合格。

8）清理检查水套壳体。拆卸电机，用除锈清洗剂清洗，水套端面要求无灰尘、无杂物、无破损，无碰伤。使用密封检测工装检测水套壳体有无漏气现象。用水道检测工装，检测水道是否有堵塞、水道流量是否满足冷却要求。复测转子动平衡，超出规定数值后，需重新标定动平衡量。

9）转子清理检查。拆卸电机，使用拆装机拆出转子。用胶带清理转子灰尘、杂物，用除锈剂清除转子锈迹。检测转子，要求铁心外径无鼓起、无破损、无刮蹭。复测转子动平衡，超出规定数值后，需重新标定动平衡量。

10）定子检测清理检查。拆卸电机，用吸尘器清理定子灰尘，用除锈剂清除定子铁心的锈迹，要求定子表面无灰尘，定子内圆无刮蹭、无杂物，定子线包无损伤，定子绝缘漆无脆裂等。用耐压绝缘表测试耐压、绝缘。使用定子综合测试仪测试电性能，并且更换出线端子。进行温度传感器绝缘检测，重新更换三相出线和温度传感器出线的绝缘管、热缩管。

11）检测旋变传感器。用数字式万用表检测旋变传感器的电阻值，用耐压绝缘表测试旋变传感器的耐压、绝缘，如果检测数值不符合要求，拆卸电机，重新更换旋变信号线出线绝缘管、端子，确认故障是否排除。

二、驱动电机过热故障的检修

1. 电机过热的原因

驱动电机过热的原因，主要有电机机械故障、电机温度检测电路故障、电机冷却系统故障、电机负荷过大、电机工作电流过大等方面。电机机械故障和工作电流过大的故障（电机相间短路或电机匝间短路），可以参照电机异响故障中有关这类故障的检修流程。电机过热的故障原因及故障位置见表 3-2-2。

表 3-2-2　电机过热的故障原因及故障位置

序号	故障原因	故障位置
1	电机机械故障	转子扫膛
		轴承过度磨损

（续）

序号	故障原因	故障位置
2	电机温度检测电路故障	电机温度传感器损坏
		温度传感器信号断路
		电机控制器故障
3	冷却系统故障	冷却液不足：冷却液泄漏，更换冷却液并排气
		散热器风扇不工作：风扇电动机损坏，风扇电动机线路故障等
		电动冷却液泵不工作：冷却液泵损坏，冷却液泵线路故障等
4	电机负荷过大	制动拖滞
		持续爬坡
		牵引重物
5	电机工作电流过大	电机相间短路
		电机匝间短路

2. 电机冷却系统的检查

（1）检查冷却液液位　车辆停止后，冷却液自动冷却并收缩，先前排出的冷却液则被吸回散热器，从而使散热器中的冷却液一直保持在合适的液面，并提高冷却效率。当冷却系统处于冷态时，冷却液液面应保持在储液罐总成上的L（最低）和F（最高）标记之间，如图3-2-3所示。

（2）检查冷却风扇运转情况　冷却风扇总成安装在机舱内散热器的后部，它可增加散热器和空调冷凝器的通风量，从而有助于加快车辆低速行驶时的冷却速度。吉利EV450冷却风扇采用双风扇、高低速的控制模式，通过两个不同的电动机驱动扇叶。冷却风扇由整车控制模块（VCU）利用冷却风扇低速继电器和冷却风扇高速继电器直接控制，在低速电路中，采用串联调速电阻的方式来改变风扇的转速。如图3-2-4所示，打开空调系统以后，可以检查冷却风扇

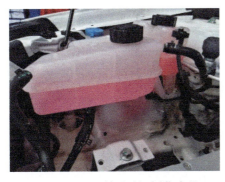

图3-2-3　检查储液罐液位　　　　图3-2-4　检查冷却风扇运转情况

是否运转。如果风扇无法正常运转，需要根据电路图检查冷却风扇的相关电路，以及检查冷却系统循环管路是否畅通（图 3-2-5）。

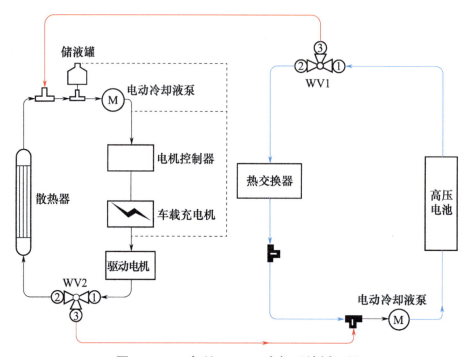

图 3-2-5　吉利 EV450 冷却系统循环图

1）冷却风扇开启条件。冷却风扇开启取决于空调 A/C 开关和电机逆变器 IGBT 温度值、电机温度值，以及充电机温度值这四个重要因素。以北汽 EV160/EX360 为例，当 A/C 开关开启或 IGBT 温度值达到 55℃，或者电机温度达到 75℃，或者充电机温度达到 80℃时，冷却风扇开始低速工作。

2）冷却风扇停止工作条件。如果 IGBT 温度值低于 50℃，并且电机温度低于 70℃，空调 A/C 开关关闭，则冷却风扇停止工作。冷却风扇控制温度值见表 3-2-3。

表 3-2-3　北汽 EV160/EX360 冷却风扇控制温度值

控制器	内　容	参数 /℃
风扇控制	低速风扇开启的 IGBT 温度值	55
	低速风扇停止的 IGBT 温度值	50
	高速风扇开启的 IGBT 温度值	65
	高速风扇停止的 IGBT 温度值	60
	低速风扇开启的电机温度值	75
	低速风扇停止的电机温度值	70

（续）

控制器	内　容	参数/℃
风扇控制	高速风扇开启的电机温度值	80
	高速风扇停止的电机温度值	75
	低速风扇开启的充电机温度值	80
	低速风扇停止的充电机温度值	70
过温保护（零转矩输出）	IGBT 温度值	90
	电机温度值	140

（3）检查冷却液泵运转情况　只要 IGBT 温度值、电机温度值、充电机的温度值，这三个温度值中的任一个值达到冷却液泵开启工作的值，冷却液泵就会运行。而只有当 IGBT、电机和充电机三个温度值都触发冷却液泵停止时，冷却液泵才能停止。也就是说，任一个温度值高于冷却液泵停止运行的值时，冷却液泵将继续运转。北汽 EV160/EX360 冷却液泵控制的温度值见表 3-2-4。

表 3-2-4　北汽 EV160/EX360 冷却液泵控制温度值

控制器	内　容	参数/℃
冷却液泵控制	冷却液泵开启的 IGBT 温度值	45
	冷却液泵关闭的 IGBT 温度值	35
	冷却液泵开启的电机温度值	60
	冷却液泵关闭的电机温度值	50
	冷却液泵开启的充电机温度值	50
	冷却液泵关闭的充电机温度值	40

踩下制动踏板，将点火开关置于"ON"位置，观察组合仪表的"READY"灯应点亮。打开前机舱盖，观察驱动电机前方的电动冷却液泵（电机）应有持续工作的声音（图 3-2-6）。如果不工作，说明驱动电机冷却系统存在故障，必要时查询电路图，检测冷却液泵的相关线路是否正常。

图 3-2-6　观察电机冷却液泵运转情况

3. 检测电机温度传感器

可以使用数字式万用表，根据电路图测量电机绕组温度传感器的电阻值，确定电阻值在规定范围内。不同车型的驱动电机，温度传感器的规格也是不一样的。有正温度系数的驱动电机温度传感器，也有负温度系数的驱动电机温度传感器。吉利 EV300/450 的电机绕组温度传感器有 2 个，均采用 10kΩ 规格的 NTC 负温度系数传感器，即在 25℃时，正常电阻值为 10kΩ，阻值随着温度升高而降低，随着温度的降低而升高。

三、驱动电机绝缘故障的检修

1. 绝缘电阻的检测方法

以吉利 EV450 为例，示范驱动电机绝缘电阻的检测方法。

1）操作起动开关置于 OFF 状态，用十号扳手断开蓄电池负极，安装好蓄电池负极防护帽或包裹绝缘胶带，并设置警示标识，注意等待 5min。

2）向上推动车载充电机（OBC）上的直流母线插头卡扣保险，拆卸直流母线连接充电机端接插件。戴好绝缘手套，用万用表测量直流母线端正负极电压，标准值应低于 1V。高压线束断开后，线束侧接口处应做好安全防护措施。

注意：维修工作中应对车辆做好标识，标明正在维修高压、禁止连接 12V 蓄电池。

3）拆卸驱动电机三相线束插接器（电机控制器侧）。

①拆卸电机控制器上盖的 8 个螺栓（图 3-2-7），取下电机控制器上盖。

②拆卸驱动电机三相线束插接器（电机控制器侧）3 个固定螺栓（图 3-2-8）。

图 3-2-7　拆卸电机控制器上盖

图 3-2-8　驱动电机三相线束插接器固定螺栓

③拆卸驱动电机三相线束端子（电机控制器侧）3 个固定螺栓（图 3-2-9），脱开三相线束。

4）检测电机的冷态绝缘电阻。

①如图 3-2-10 所示，将绝缘电阻测试仪的电压等级选择至 1000V。以下测量时，应在绝缘电阻测试仪指针或者显示数值达到稳定后再读取数值。

图 3-2-9　拆卸驱动电机三相线束端子固定螺栓

图 3-2-10　绝缘电阻测试仪电压等级设置为 1000V

②测量 U 相端子至壳体之间的绝缘电阻（图 3-2-11），标准值应不小于 20MΩ。

③测量 V 相端子至壳体之间的绝缘电阻（图 3-2-12），标准值应不小于 20MΩ。

图 3-2-11　测量 U 相端子的绝缘电阻

图 3-2-12　测量 V 相端子的绝缘电阻

④测量 W 相端子至壳体之间的绝缘电阻，标准值应不小于 20MΩ。

5）检测驱动电机定子绕组对温度传感器的绝缘电阻。驱动电机埋置有温度传感器，因此应分别测量定子绕组与温度传感器之间的绝缘电阻。测量结束以后，应使用放电装置进行放电处理。

测量 U 相端子至温度传感器之间的绝缘电阻，标准值应不小于 20MΩ。

测量 V 相端子至温度传感器之间的绝缘电阻，标准值应不小于 20MΩ。

测量 W 相端子至温度传感器之间的绝缘电阻，标准值应不小于 20MΩ。

6）检查定子绕组的电阻值。使用毫欧表或微欧计，分别测量驱动电机的U相与V相、V相与W相、W相与U相的电阻值，单位为毫欧（mΩ）。测量时，若三组阻值相差不大，可判定三相线正常。

2. 注意事项

1）测量驱动电机定子绕组对壳体的绝缘电阻，当最高工作电压超过250V，但不高于1000V时，绝缘电阻测试仪应选用1000V档，且应在指针或显示数值达到稳定后再读取数值。

2）使用微欧计测量驱动电机绕组直流电阻，测量时通过绕组的试验电流不超过其额定电流的10%，通电时间不超过1min。

四、驱动电机冷却回路密封性能测试

1. 在车上进行冷却回路密封性的检查

如图3-2-13所示，检查冷却液液位是否正常，冷却系统应无泄漏，必要时使用冷却系统检测仪加压测试（图3-2-14）。

图 3-2-13　检查冷却液液位　　　　图 3-2-14　冷却系统检测仪的使用

2. 驱动电机的车下密封性测试

驱动电机在解体维修以后，必须进行密封性测试。试验使用的介质可以是液体或气体，液体介质可以是含防锈剂的水、煤油或黏度不高于水的非腐蚀性液体，气体介质可以是空气、氮气或惰性气体。

试验介质的温度应和试验环境的温度一致并保持稳定；将被试电机冷却回

路的一端堵住，但不能产生影响密封性能的变形，向回路中充入试验介质，利用压力仪表测量施加的介质压力，使用液体介质试验时，需要将冷却回路腔内的空气排净。然后，逐渐加压至规定的试验压力，并保持该压力至少 15min，要求应能承受不低于 200kPa 的压力无渗漏。

压力保持过程中，压力仪表显示值不应下降，期间不允许有可见的渗漏通过被试品壳壁和任何固定的连接处。如果试验介质为液体，则不得有明显可见的液滴或表面潮湿。

技能大赛与 1+X 考证

1. 新能源汽车检测与维修赛项模拟故障设置点

模块	故障现象	所属系统（范围）	故障部位（点）	说明
模块 4	转动有异响	驱动电机	定子或转子内部有异物	结合车型以及维修资料、电路图进行故障验证
	通气阀堵塞		通气阀有异物	
	三相线绝缘套损坏		三相线绝缘套损坏故障	

2. "1+X" 证书强化训练项目

模块	考核内容	所属系统（范围）	考核要求	说明
2-1（中级）	驱动电机性能检测	电机系统功能检测与维修	驱动电机静态外观检查、动态运转检查，驱动电机性能参数检测，驱动电机波形检测	结合车型以及维修资料、电路图进行故障验证
2-3（初级）	驱动电机三相绕组检测	起动与充电系统检查保养	查询并填写驱动电机控制电路的页码，对三相绕组的绝缘性进行检测，填写标准值和实际值，并进行判断	
	起动/充电电机及控制器温度、绝缘性检测		电机工作温度、电机控制器工作温度检测，电机绝缘体检测	

任务三 驱动电机传感器的检修

✎ 任务目标

知识目标

1）能够描述旋变传感器和电机温度传感器的结构与工作原理。

2）掌握常见车型驱动电机旋转变压器和温度传感器的电阻值。

技能目标

1）能够在实车上找到旋转变压器和温度传感器的电气插头。

2）能够拆装旋变传感器和温度传感器并检测其性能。

素养目标

1）培养学生主动获取信息、不断总结和反思的能力。

2）培养学生理论联系实际、发现问题和解决问题的能力。

3）能够严格执行新能源汽车维修规范，养成严谨科学的工作态度。

✎ 任务导入

一辆电动汽车无法上电和行驶，你的主管使用诊断仪器读取故障码为：

P0C5200（当前故障）——正弦/余弦输入信号低于电压阈值

P0A2D00（当前故障）——定子温度最小值小于阈值

你作为一名维修技师，接到这个维修任务后，如何开展诊断和维修工作呢？

驱动电机传感器检测

知识储备

目前，纯电动汽车驱动电机传感器主要有驱动电机位置传感器和温度传感器。转子位置传感器最广泛采用的型式是旋转变压器，简称旋变传感器。永磁式驱动电机旋转变压器固定在电机定子上，它和转子同轴安装。电机定子（绕组）温度传感器用于监控电机定子绕组的温度，目的是避免因温度过高而造成组件损坏。

一、驱动电机位置传感器

1. 旋转变压器的工作原理

特斯拉电动汽车旋转变压器

为了达到电机静止起动和全转速范围内转矩波动的控制目的，需要利用旋转变压器（简称旋变）精确地测量电机转子磁极位置和速度。旋变是一种常用的伺服电动机旋转编码器，与光电编码器相比，旋变抗振性能好，可以安装于恶劣的使用环境中，精度比光电编码器差一些。

旋转变压器由电机控制器模块监测，根据旋转变压器的信号，电机控制器监测电机的角位置、转速和方向。旋转变压器包含一个励磁线圈、两个驱动线圈和一个不规则形状的金属转子。金属转子以机械方式固定在电机轴上。将点火开关置于"ON"位置时，电机控制模块输出一个交流电、一定频率的励磁信号至驱动线圈。驱动线圈励磁信号生成一个环绕两个从动线圈和不规则形状转子的磁场。然后，电机控制模块监测两个从动线圈电路，以获得一个返回信号。不规则形状金属转子的位置引起从动线圈的磁感应返回信号发生大小和形状的变化。通过比较两个从动线圈信号，电机控制模块能确定电机转子旋转角度、转速和方向。

旋转变压器幅值随位置变化而变化，但频率不变。旋变在实际应用中，设置了两组二次线圈，两者相位差为 90°，从而可以输出幅值为正弦（SINE）和余弦（COSINE）变化的两组信号。旋转变压器的内部原理如图 3-3-1 所示，励磁绕组端子号为图 3-3-1a 的 R1 和 R2，图 3-3-1b 的线圈 A 为励磁线圈。旋

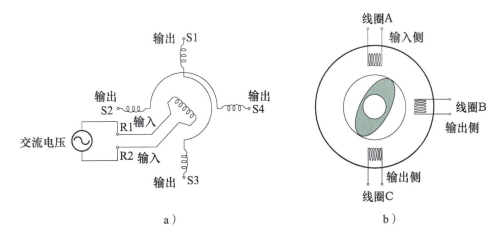

a)　　　　　　　　　b)

图 3-3-1　旋转变压器内部原理

转变压器通过转子转动时的磁场变化，产生正弦和余弦电压，经电机控制器内的编码器解析后可以得到电机的转子位置信息，并以此确定电机的转速。其自身的定子绕组作为变压器的一次侧（线圈 A）接受励磁电压。转子绕组作为变压器的二次侧，通过电磁耦合得到感应电压。转子两绕组（线圈 B、线圈 C），在空间上呈 90° 分布。感应的电压幅值与转子转角成正弦、余弦函数关系。

该传感器由以下 5 个主要部件组成：

1）励磁绕组的转子铁心，随着电机的转子旋转。

2）励磁绕组，能产生固定频率的磁场。

3）正弦绕组，感应励磁绕组的磁场并产生正弦信号。

4）余弦绕组，感应励磁绕组的磁场并产生余弦信号。

5）不同极对数的定子铁心，三种绕组都缠绕在其上。

旋转变压器检测电机的转速、旋转方向（正转或反转）、电机位置（旋转角度），如果旋变信号失效或丢失，车辆将无法上电和行驶。不论转子的速度是多少，旋转的方向是哪边，旋转变压器都是能精确测量电机的转子位置的传感器。

2. 旋转变压器的安装位置

旋转变压器固定在电机定子上，它和转子同轴安装。图 3-3-2 所示的是 2021 款大众 ID.4 电机转子位置传感器，图 3-3-3 所示的是宝马 i3 驱动电机转子位置传感器，此外，电机上还安装 2 个温度传感器。

图 3-3-4 所示的是比亚迪 e5 旋转变压器的安装位置，棕色的接插件安装在驱动电机的外端盖上（图 3-3-5）。

U/V/W相汇流排

转子位置传感器G713及插头

温度传感器

图 3-3-2　大众 ID.4 电机转子位置传感器

图 3-3-3　宝马 i3 驱动电机转子位置传感器

1—温度传感器插头　2—转子位置传感器插头　3—相位 U
4—相位 V　5—相位 W　6—转子位置传感器

图 3-3-4　比亚迪 e5 旋转变压器安装位置

图 3-3-5　比亚迪 e5 旋转变压器接插件

3. 旋转变压器的检测

（1）检查励磁绕组的供电电压　以吉利 EV300 为例，将点火开关置于 ON 位置时，电机控制模块输出一个 8.36V 左右的交流电、一定频率的励磁信号至驱动线圈，驱动线圈励磁信号生成一个环绕两个从动线圈和不规则形状转子的磁场。然后，电机控制模块监测正弦绕组和余弦绕组的电路，以获得正弦和余弦信号。通过比较两个从动线圈信号，电机控制模块能确定电机转子旋转角度、转速和方向。

操作起动开关使电源模式置于 ON 状态（注意非 READY 状态），将车辆举升至合适位置，拔下驱动电机上的 EP13 插头，将数字式万用表调至交流档位，测量驱动电机线束插接器 EP13 插头的 12 号端子与 11 号端子之间的电压，标准电压值为 8~11V，如图 3-3-6 所示。

图 3-3-6　测量吉利 EV300 旋变传感器励磁绕组的供电电压

对于北汽 EU260 旋转变压器的励磁绕组，将点火开关置于 ON 位置，将数字式万用表置于交流电压档位，测量连接至动力电子单元（PEU）侧的驱动电机传感器 19 针接插件 A、B 号端之间应该有 3～5V 交流电压（实际测量为 2.704V 交流电压），如图 3-3-7 所示。

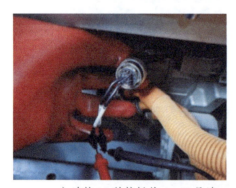

a）连接 19 针接插件 A、B 号端

b）测量励磁绕组的供电电压

图 3-3-7　测量北汽 EU260 旋转变压器励磁信号电压

（2）检测电机旋转变压器励磁、正弦、余弦的电阻值　拔下电机控制器上的低压插头，使用数字式万用表分别测量旋转变压器励磁、正弦、余弦绕组的电阻值，确认电阻值应符合标准值。**注意：不同车型的标准值有所不同**，表 3-3-1 给出了常见车型旋转变压器的电阻标准值。

表 3-3-1　常见车型旋转变压器的电阻标准值

项目 / 车型	吉利 EV300	比亚迪 e5	全新比亚迪秦	北汽 EU260
励磁绕组	（9.5±1.5）Ω	（6.5±2）Ω	（8±1）Ω	9Ω
正弦绕组	（13.5±1.5）Ω	（12.5±4）Ω	（16±1）Ω	13Ω
余弦绕组	（14.5±1.5）Ω	（12.5±4）Ω	（16±1）Ω	13Ω

现在以吉利 EV300 旋转变压器的测量为例：

1）励磁绕组：标准值为（9.5±1.5）Ω。如图 3-3-8 所示，使用数字式万用表测量电机控制器线束插接器 EP11 插头的 15 号端子与 22 号端子之间的电阻值，标准值为（9.5±1.5）Ω。

 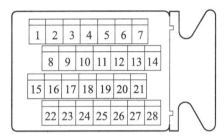

a）测量励磁绕组的电阻值　　　　　b）电机控制器 EP11 插头

图 3-3-8　测量吉利 EV300 旋转变压器励磁绕组的电阻值

2）正弦绕组：标准值为（13.5±1.5）Ω。如图 3-3-9 所示，使用数字式万用表测量电机控制器线束插接器 EP11 插头的 24 号端子与 17 号端子之间的电阻值，标准值为（13.5±1.5）Ω。

 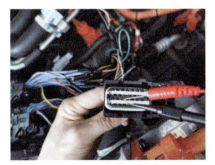

a）测量正弦绕组的电阻值　　　　　b）电机控制器 EP11 插头

图 3-3-9　测量吉利 EV300 旋转变压器正弦绕组的电阻值

3）余弦绕组：标准值为（14.5±1.5）Ω。如图 3-3-10 所示，使用数字式万用表测量电机控制器线束插接器 EP11 插头的 23 号端子与 16 号端子之间的电阻值，标准值为（14.5±1.5）Ω。如果以上电阻值超过标准范围，请检查旋转变压器及相关线路。

a）测量余弦绕组的电阻值 　　b）电机控制器 EP11 插头

图 3-3-10　测量吉利 EV300 旋转变压器余弦绕组的电阻值

（3）旋转变压器波形的检测　当励磁绕组以一定频率的交流电进行励磁时，其正弦绕组感应励磁绕组的磁场将产生正弦交流信号；余弦绕组感应励磁绕组的磁场将产生余弦交流信号，所以也可以用示波器测试正弦和余弦的信号波形来判断旋转变压器的好坏，其输出的正常波形如图 3-3-11 所示。

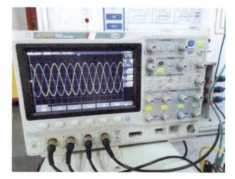

图 3-3-11　旋转变压器的波形

（4）更换旋转变压器后的匹配校准　对于大部分车型，旋转变压器或者电机更换后，必须在其控制系统中重新写入偏移补偿量。若没有更新偏移补偿量，该汽车可能会在预设模式下运行，这将限制电机的输出功率。

二、驱动电机温度传感器

1. 驱动电机温度传感器的工作原理

为避免因温度过高而造成组件损坏，很多电机使用电机温度传感器来监控电机定子绕组的温度。

不同车型的驱动电机，温度传感器的规格也是不一样的。有正温度系数的驱动电机温度传感器，也有负温度系数（NTC）的驱动电机温度传感器。负温度系数传感器的电阻值会随着温度的升高而减小，随着温度的降低而增加，代表车型为吉利 EV300/EV450 和比亚迪 e5。正温度系数传感器的电阻值会随着温度的升高而增加，随着温度的降低而减小，代表车型为北汽 EU260。

驱动电机温度传感器通常被放置在定子绕组内部，数量为 2～3 个，分别是 U 相温度传感器、V 相温度传感器、W 相温度传感器。温度传感器也可能被置于绕组外部或放置在驱动桥润滑油中（混合动力电动汽车）。比亚迪 e5 驱动电机温度传感器仅安装 1 个（图 3-3-12），它不直接测量转子温度，而是根据定子内的温度传感器测量值进行确定，其信号以模拟方式由电机控制器读取和分析。图 3-3-13 显示的是途观混合动力电动汽车电机温度传感器。

若电机的温度升高至临界值，混合动力电动汽车和纯电动汽车控制系统将会限制电机的最大输出并设置诊断故障码（DTC），并同时在汽车仪表板上显示电机过热警告灯。

图 3-3-12 比亚迪 e5 驱动电机温度传感器

图 3-3-13 途观混合动力电动汽车电机温度传感器

2. 电机绕组温度传感器的检测

在实际维修过程中，应注意不同车型的驱动电机温度传感器，其类型和电阻值不尽相同，表 3-3-2 给出了常见车型驱动电机绕组温度传感器的电阻标准值。以比亚迪 e5 为例，在 10~40℃温度下，测量温度传感器电阻时，用万用表电阻档两端子分别连接驱动电机外部温度传感器插接件 3、6 端子，查看万用表电阻档显示的电阻值是否在 50.04～212.5kΩ 范围内。

表 3-3-2 常见车型驱动电机绕组温度传感器的电阻标准值

项目 / 车型	吉利 EV300	比亚迪秦（2020 款）或 e5	北汽 EU260
U 相温度传感器	安装 2 个 25℃时，正常电阻值为 10kΩ。阻值随着温度升高而减小，随着温度降低而增加	0℃：标准电阻值 364.9kΩ 10℃：标准电阻值 212.5kΩ 20℃：标准电阻值 127.7kΩ 30℃：标准电阻值 78.88kΩ 40℃：标准电阻值 50.04kΩ	0℃时电阻值为 1000Ω，温度每上升 1℃，电阻值增加 3.85Ω
V 相温度传感器			
W 相温度传感器			

（1）吉利 EV300/450 电机绕组温度传感器的测量　吉利 EV300/450 的电机绕组温度传感器有 2 个，均采用 10kΩ 规格的 NTC 负温度系数传感器，温度传感器型号为 SEMITEC 103NT-4，即在 25℃时，正常电阻值为 10kΩ，阻值随着温度升高而减小，随着温度降低而增加，不同温度下的电阻值见表 3-3-3。

表 3-3-3　吉利电机温度传感器 SEMITEC 103NT-4 型号的参数

温度 /℃	电阻值 /kΩ	温度 /℃	电阻值 /kΩ	温度 /℃	电阻值 /kΩ
0	27.86	14	15.38	28	8.934
1	26.65	15	14.77	29	8.609
2	25.51	16	14.19	30	8.297
3	24.42	17	13.64	31	7.998
4	23.38	18	13.11	32	7.711
5	22.39	19	12.61	33	7.436
6	21.45	20	12.12	34	7.173
7	20.56	21	11.66	35	6.921
8	19.71	22	11.22	36	6.679
9	18.90	23	10.79	37	6.447
10	18.13	24	10.39	38	6.225
11	17.40	25	10.00	39	6.011
12	16.69	26	9.629	40	5.806
13	16.02	27	9.274	41	5.608

注：SEMITEC 103NT-4 型号的温度传感器，电阻误差为 ±3%，例如在 25℃时，标准电阻值为 10kΩ，最大值为 10.3kΩ，最小值为 9.7kΩ。

以吉利 EV450 为例，操作起动开关使电源模式置于 OFF 状态，拔下电机控制器上的低压插头 BV11，将数字式万用表调至 20k 电阻档位，查看线路图，接下来分别测量电机绕组温度传感器 R1 和温度传感器 R2 的电阻值。

1）电机绕组温度传感器 R1：如图 3-3-14 所示，使用数字式万用表测量电机控制器线束插接器 BV11 插头的 6 号针脚与 7 号针脚之间的电阻，电机温度传感器 R1 的电阻值应在标准范围内。

2）电机绕组温度传感器 R2：如图 3-3-15 所示，使用数字式万用表测量电机控制器线束插接器 BV11 插头的 5 号针脚与 13 号针脚之间的电阻。25℃时，正常电阻值为 10kΩ，29℃左右时，所测得的电阻值为 8.53kΩ。

a）R1 电阻值

b）连接 6 号与 7 号针脚

图 3-3-14 测量电机绕组温度传感器 R1

a）R2 电阻值

b）连接 5 号与 13 号针脚

图 3-3-15 测量电机绕组温度传感器 R2

（2）北汽 EU260 电机绕组温度传感器的测量 北汽 EU260 电动汽车安装 3 个正温度系数的 PT1000 铂电阻温度传感器，即 U 相温度传感器、V 相温度传感器、W 相温度传感器。在 0℃时，温度传感器的电阻值为 1000Ω，温度每上升 1℃，电阻值增加 3.85Ω，例如 20℃左右时，温度传感器的电阻值为 1077Ω。

1）测量 W 相温度传感器电阻：如图 3-3-16 所示，拔下动力电子单元（PEU）35 针接插件，用万用表电阻档测量 35 针接插件 30 号与 31 号端子之间的电阻，实测值为 1075Ω。

2）检查 V 相温度传感器电阻：如图 3-3-17a 所示，拔下动力电子单元（PEU）35 针接插件，用万用表电阻档测量 35 针接插件 32 与 33 号端子之间的电阻，实测值为 1075Ω。如无电阻或电阻值为无穷大，则排查线束及端子是否退针。

3）检查 U 相温度传感器电阻：如图 3-3-17b 所示，拔下动力电子单元（PEU）35 针接插件，用万用表电阻档测量 35 针接插件 34 与 35 号端子之间的电阻，参考范围（0℃时电阻值为1000Ω，温度每上升1℃电阻值增加3.85Ω）；如无电阻或电阻值为无穷大，则排查线束及端子是否退针。在温度为19.5℃时，测量温度传感器的电阻值为1075Ω。

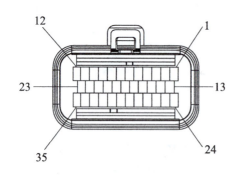

a）PEU35针接插件

b）测量W相温度传感器的电阻

图3-3-16　测量W相温度传感器电阻

a）测量V相温度传感器电阻

b）测量U相温度传感器电阻

图3-3-17　测量U相和V温度传感器电阻

3. 测量驱动电机定子绕组对温度传感器的绝缘电阻

如果驱动电机埋置有温度传感器，则应分别测量定子绕组与温度传感器之间的绝缘电阻，驱动电机绕组对温度传感器的冷态绝缘电阻应大于20MΩ。

如果各绕组的始末端单独引出，则应分别测量各绕组对温度传感器的绝缘电阻，不参加试验的其他绕组和埋置的其他检温元件等应与铁心或机壳做电气连接，机壳应接地。当绕组的中性点连在一起而不易分开时，则测量所有连在一起的绕组对温度传感器的绝缘电阻。测量结束后，每个回路应对接地的机壳做电气连接使其放电。

思考练习

一、填空题

1. 旋转变压器检测电机的＿＿＿＿＿＿＿＿＿＿、＿＿＿＿＿＿＿＿＿＿、＿＿＿＿＿＿＿＿＿＿＿＿，如果旋变信号失效或丢失，车辆将＿＿＿＿＿＿＿＿＿＿＿＿。

2. 为避免因温度过高而造成组件损坏，有很多电机使用＿＿＿＿＿＿系数（NTC）传感器来监控电机定子绕组的温度。该传感器的电阻会随着温度的升高而＿＿＿＿＿＿＿＿，随着温度的降低而＿＿＿＿＿＿＿＿。

3. 旋变在实际应用中，设置了＿＿＿＿＿组二次线圈，两者相位差为＿＿＿＿＿，从而可以输出幅值为＿＿＿＿＿和＿＿＿＿＿变化的两组信号。

二、单项选择题

1. 若驱动电机的温度传感器固定于定子绕组中，驱动电机绕组对温度传感器的冷态绝缘电阻应（　　　）。

   A. >20MΩ　　　　B. <20MΩ　　　　C. ≥1MΩ　　　　D. >20mΩ

2. 电机旋变传感器的波形检测需要用到（　　　）。

   A. 万用表　　　　B. 解码仪　　　　C. 示波器　　　　D. 电流钳

3. 电机旋变传感器的插接器有（　　　）端子。

   A. 2个　　　　B. 4个　　　　C. 6个　　　　D. 8个

三、判断题

1. 电磁式旋变传感器通常有三组绕组，分别是励磁绕组、正弦绕组和余弦绕组。　　　　　　　　　　　　　　　　　　　　（　　　）

2. 电机温度传感器用以检测电机的绕组温度，控制器可以保护电机避免过热。　　　　　　　　　　　　　　　　　　　　　（　　　）

3. 驱动电机旋变传感器插头如果没有正确连接，车辆仍然可以正常上电。　　　　　　　　　　　　　　　　　　　　　　　（　　　）

4. 检测驱动电机定子绕组时，可以分解电机的总成，但要注意人身安全。　　　　　　　　　　　　　　　　　　　　　　　（　　　）

技能大赛与 1+X 考证

1. 新能源汽车检测与维修赛项模拟故障设置点

模块	故障现象	所属系统（范围）	故障部位（点）	说明
模块1	高压供电不正常	电机控制系统	旋转变压器故障，励磁绕组供电线路断路，正弦或余弦绕组线路断路、对地短路等故障	结合车型以及维修资料、电路图进行故障验证
	低压线束松动		插头松脱、接触不良等故障	
模块2	驱动电机不工作	电机控制系统	对导致驱动电机不工作的部件设置故障码	
模块4	旋变传感器损坏	驱动电机	旋变传感器线路故障、传感器内部故障	
	温度传感器损坏		温度传感器线路故障，传感器内部故障	

2. "1+X" 证书强化训练项目

模块	考核内容	所属系统（范围）	考核要求	说明
2-1（中级）	旋变信号导通性及信号针脚波形检测	电机控制系统	查询旋转变压器线路图，填写励磁、正弦、余弦信号电路编号，测量励磁、正弦、余弦绕组的电阻值，使用示波器分别测量励磁信号、正弦信号、余弦信号的波形，并进行波形判断。测量绕组温度传感器的电阻值	结合车型以及维修资料、电路图进行故障验证

电机控制器的结构与检修

任务一 电机控制器认知与更换

✏️ 任务目标

知识目标

1）了解电机控制器的功能及构造。

2）了解不同车型电机控制器的安装位置与特点。

3）熟悉电机控制器的高压、低压接插件定义。

技能目标

1）能在车上找出电机控制器的安装位置。

2）能够完成典型电机控制器的拆装。

素养目标

1）培养学生执着专注、精益求精、一丝不苟、追求卓越的工匠精神。

2）具有团队合作意识，共同完成电机控制器的更换任务。

3）能够严格执行新能源汽车维修规范，养成严谨科学的工作态度。

✏️ 任务导入

一辆纯电动汽车无法行驶，你的技术主管判断为电机控制器损坏，让你更换电机控制器，你能够完成这个任务吗？

知识储备

电机控制器控制着动力电池组到电机之间能量的传输，同时采集电机位置信号和三相电流检测信号，精确地控制驱动电机运行。对于仅前驱或仅后驱的纯电动汽车，电机控制器既可以单独配置（例如 2020 款比亚迪秦、2021 款一汽－大众 ID.4），也可以采用"二合一"的型式（例如吉利 EV300/450），或者采用"四合一"的型式（例如比亚迪 e5、北汽 EU260）。"四合一"主要由驱动电机控制器（MCU）、车载充电机（OBC）、DC/DC 变换器、高压配电器等组成。"四合一"在不同车型维修资料里面，描述有所不同。对于双电机全轮驱动的电动汽车，电机控制器通常有 2 个，即前部电机控制器、后部电机控制器。

一、吉利 EV450 电机控制器

1. 安装位置与外部特征

对于前轮驱动的车辆，电机控制器安装在前机舱内。吉利 EV450 电机控制器采用"二合一"的结构型式，如图 4-1-1 所示，左侧部件为"二合一"，即车载充电机、高压分配器；右侧部件也是"二合一"，即电机控制器、DC/DC 变换器。电机控制器采用 CAN 通信控制，控制着动力电池组到电机之间能量的传输，同时采集电机旋变传感器信号和三相电流检测信号，精确地控制驱动电机运行。

图 4-1-1　吉利 EV450 前机舱内的高压部件

驱动电机控制器的外部接口主要由高压线束接口、低压线束接口、驱动电机三相线束接口、低压充电接口（DC/DC）和冷却管口组成（图 4-1-2）。

2. 基本功能

电机控制器是一个既能将动力电池中的直流电转换为交流电以驱动电机，也能够将车轮旋转的动能转换为电能（交流电转换为直流电）给动力电池充电的设备。车辆制动或滑行阶段，电机作为发电机使用。它可以完成由车轮旋转

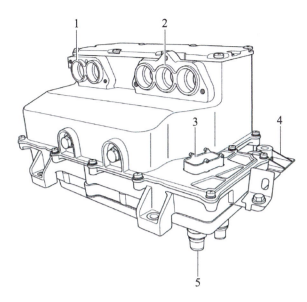

图 4-1-2 吉利 EV450 电机控制器

1—高压线束接口 2—驱动电机三相线束接口 3—低压线束接口

4—低压充电（DC/DC）接口 5—冷却管口

的动能到电能的转换，给电池充电。DC/DC 变换器集成在电机控制器内部，其功能是将电池的高压电转换成低压电，为整车低压系统供电。

3. 内部结构

如图 4-1-3 所示，电机控制器内部包含 1 个 DC/AC 逆变器和 1 个 DC/DC 直流变换器，逆变器由 IGBT、直流母线电容、驱动和控制电路板等组成，实现直流与交流之间的转变。直流变换器由高低压功率器件、变压器、电感、驱动和控制电路板等组成，实现直流高压向直流低压的能量传递。电机控制器还包含冷却器（通过冷却液）给电子功率器件散热。

4. 工作模式

1）静态模式：静态模式在电机控制器处于被动状态（待机状态）或故障状态时被激活。

2）转矩控制模式：电机控制系统控制电机轴向四象限的转矩。由于没有转矩传感器，转矩指令（由整车控制器发送）被转换成为电流指令，并进行闭环控制。转矩控制模式只有在获得正确的初始偏移角度时才能进行。

3）主动放电模式：主动放电用于高压直流端电容的快速放电。主动放电指令来自整车控制器的指令或由电机控制器内部故障触发。

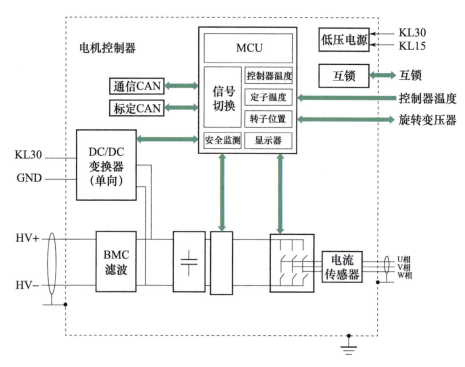

图 4-1-3　驱动电机内部结构原理图

5.DC/DC 直流变换

电机控制器中的 DC/DC 变换器将高压直流端的高压转换成指定的直流低压（12V 低压系统），低压设定值来自整车控制器指令。吉利 EV450 驱动电机控制器的低压充电接口如图 4-1-4 所示。

图 4-1-4　吉利 EV450 驱动电机控制器低压充电接口

6. 系统诊断功能

当故障发生时，软件根据故障级别使 PEU 进入安全状态或限制状态。安全状态包括主动短路或 Freewheel 模式（自由停机模式，即将逆变器 6 个 IGBT 开关器件全部关断），限制状态包括四个级别的功率 / 转矩输出限制。PEU 软件中提供基于 ISO-14229 标准的通信诊断功能，见表 4-1-1。

表 4-1-1　系统诊断功能

诊断项目	诊　断　内　容
传感器诊断	电流传感器、电压传感器、温度传感器、位置传感器等故障诊断
电机诊断	电流调节故障，电机性能检查，主动短路或空转条件不满足，转子偏移角诊断等
CAN 通信诊断	包括 CAN 内存检测，总线超时，报文长度、Checksum 校验，收发计数器的诊断
硬件安全诊断	相电流过电流诊断、直流母线电压过电压诊断，高 / 低压供电故障诊断，处理器监控等
DC/DC 诊断	DC/DC 传感器以及工作状态诊断

二、比亚迪电机控制器

2015 ~ 2018 款比亚迪 e5 的电机控制器位于前机舱内的高压电控总成内部（图 4-1-5）。高压电控总成又简称"四合一"，主要包括：双向交流逆变式电机控制器（VTOG）、车载充电模块、DC/DC 变换器模块、高压配电模块，以及漏电传感器等，如图 4-1-6 所示。

高压电控总成

图 4-1-5　比亚迪 e5 高压电控总成

高压电控总成的主要功能有：

1）控制高压交 / 直流电双向逆变，驱动电机运转，实现充、放电功能（VTOG、车载充电机）。

2）通过 DC/DC 变换器实现高压直流电转化为低压直流电，为整车低压电器系统供电。

电容器
高压配电箱
双向交流逆变式电机控制器（VTOG）
漏电传感器
DC/DC变换器

图 4-1-6　比亚迪 e5 高压电控总成

3）通过高压配电箱实现整车高压回路配电功能，通过漏电传感器模块实现高压漏电检测功能。

4）CAN 通信、故障处理记录、在线 CAN 程序烧写以及自检等功能。

与比亚迪 e5 不同，2020 款比亚迪 e3 以及比亚迪秦的电机控制器为独立的部件，安装在驱动电机的上方，位于充配电总成（图 4-1-7）的下方。如图 4-1-8 所示，比亚迪秦装配永磁同步电机控制器，驱动电机的最大转速为 12100r/min，冷却方式为水冷，防护等级为 IP67。

图 4-1-7　2020 款比亚迪 e3 充配电总成　　图 4-1-8　比亚迪秦驱动电机及控制器

三、北汽 EU260 电机控制器

如图 4-1-9 所示，北汽 EU260 的电机控制器位于"四合一"内部，北汽"四合一"称为动力电子单元（PEU）。

图 4-1-9　北汽 EU260 动力电子单元（PEU）

1. 动力电子单元（PEU）基本功能

1）通过电机控制器实现怠速控制（爬行），前进时控制电机正转，倒车时控制电机反转，在滑行或踩下制动踏板时实现能量回收（交流转换为直流），在陡坡行驶时实现防溜车功能。

2）通过车载充电机实现车载充电功能。

3）通过 DC/DC 变换器实现直流高压电转换为低压电，为 12V 低压蓄电池充电。

4）通过快充正接触器、快充负接触器实现快充高压电路控制。

5）控制 PTC 控制器，实现 PTC 加热器控制。

6）通过 DC/DC 熔断器、空调压缩机熔断器、PTC 熔断器、OBC 熔断器实现高压电路熔断保护。

2. 动力电子单元（PEU）内部结构

如图 4-1-10 所示，PEU 上端结构主要由电机控制器、车载充电机、DC/DC 变换器、PTC 控制器、快充继电器、熔断器、互锁电路等组成。PEU 下端结构由 2 个 3.3kW 车载充电机组成。车载充电机安装在 PEU 下方，中间是冷却水套。

电机控制器的内部工作原理如图 4-1-11 所示。电机控制器的核心部件是控制主板和 IGBT（绝缘栅双极型晶体管）驱动模块。智能功率模块（IPM）是一种高性能的模块（图 4-1-12a），它安装了一个专用的驱动电路，用于从 IGBT 芯片中获得更高的性能。模块内部接有一个专用集成电路，用于执行自保护功能（短路、欠电压和过温）。高压 IGBT 模块（图 4-1-12b）使得驱动电路的尺寸缩小，设备重量减少和效率提高。

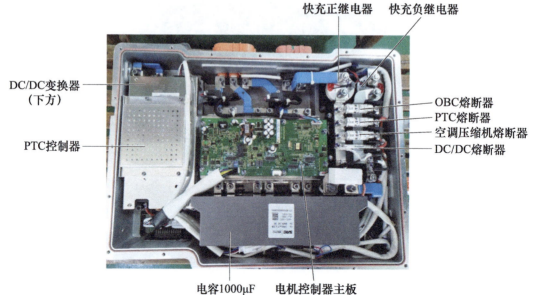

图 4-1-10　PEU 上端结构

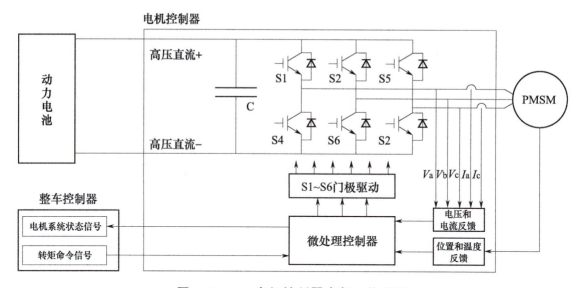

图 4-1-11　电机控制器内部工作原理

a）IPM 智能功率模块

b）高压 IGBT 模块

图 4-1-12　IGBT 模块

🔧 **小知识**　在电机控制器旁边安装了一个 1000uF 的电容器，有什么作用呢？

电容器的作用是存储和释放电荷。在车辆上电时（READY 或 OK 灯点亮），为缓解对高压系统的冲击，电池管理器（BMS）先吸合负极继电器和预充继电器，动力电池高压电经过预充继电器并联的限流电阻（预充电阻）后加载到电机控制器母线上，对预充电容器进行充电，电机控制器检测到母线上的电压与动力电池电压的差值在规定电压以内时，通过 CAN 总线向电池管理器反馈一个预充满信号，电池管理器收到预充满信号后控制主继电器吸合，断开预充继电器。而在高压下电（READY 灯熄灭）后，电机控制器将会执行主动放电模式，即对高压电容器进行快速放电。

四、典型电机控制器的更换

1. 前期准备

动力电子单元（PEU）的拆卸

1）一辆北汽 EU260 纯电动汽车或其他电动车辆停放在工位，操纵点火开关置于 OFF 位置。

2）如图 4-1-13 所示，用十号扳手断开蓄电池负极，安装好蓄电池负极防护帽或包裹绝缘胶带，并设置警示标识（图 4-1-14），注意等待 5min。

图 4-1-13　断开蓄电池负极

图 4-1-14　设置警示标识

3）戴绝缘手套，向上推动动力电子单元（PEU）上的直流母线插头卡扣保险，拆卸直流母线连接动力电子单元的接插件，如图 4-1-15 所示。用万用表测量直流母线端正负极电压，标准值应低于 1V，如图 4-1-16 所示。**注意：维修工作中应对车辆做好标识，标明正在维修高压、禁止连接 12V 蓄电池。**

图 4-1-15　拆卸直流母线连接动
力电子单元的接插件

图 4-1-16　验电操作

2. 拆卸动力电子单元（PEU）及其附件

1）将冷却系统的冷却液排出，并放入收集盘中，按相关标准进行处理，如图 4-1-17 所示。

2）断开驱动电机交流母线与 PEU 连接的高压接插件，并做好防护，如图 4-1-18 所示。

图 4-1-17　排放冷却液

图 4-1-18　断开 PEU 高压接插件

3）断开驱动电机旋变传感器接插件，并进行简单固定，防止在电机拆卸过程中损坏接插件（图 4-1-19）。

4）拆下 PEU 高压和低压接插件，拆下冷却水管，如图 4-1-20 所示。

5）拆卸 PEU 总成左侧的正负极螺栓。

图 4-1-19　断开驱动电机的
旋变传感器接插件

图 4-1-20　拆卸 PEU 总成的
冷却水管

6）拆卸 PEU 总成螺栓（图 4-1-21），两位技师配合将 PEU 从车上取下（图 4-1-22），平稳放置在工作台上。

图 4-1-21　拆卸 PEU 总成螺栓　　　图 4-1-22　取下动力电子单元（PEU）

3. 安装动力电子单元（PEU）及其附件

按照拆卸的相反顺序安装 PEU。大多数车型更换电机控制器后，需要使用专用仪器进行防盗匹配，请按照维修手册的要求进行 PEU 更换后的匹配操作。

课后拓展

IGBT（Insulated Gate Bipolar Transistor），中文名称为绝缘栅双极型晶体管，是由 BJT（双极型晶体管）和 MOS（绝缘栅型场效应晶体管）组成的复合全控型电压驱动式功率半导体器件。

动力电子单元
（PEU）的安装

如图 4-1-23 所示，IGBT 模块是由 IGBT（绝缘栅双极型晶体管芯片）与 FWD（续流二极管芯片）通过特定的电路桥接封装而成的模块化半导体产品；封装后的 IGBT 模块直接应用于变频器、UPS（不间断电源）等设备上。IGBT 俗称电力电子装置的"CPU"，该模块具有节能、安装维修方便、散热稳定等特点。

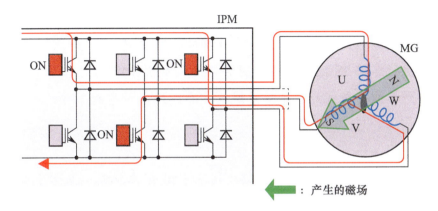

图 4-1-23　逆变器驱动电动机工作原理图

IGBT 的栅极通过一层氧化膜与发射极实现电隔离。由于此氧化膜很薄，其击穿电压一般达到 20~30V。因此，因静电而导致栅极击穿是 IGBT 失效的常见原因之一。

在检查或更换 IGBT 模块时，尽量不要用手触摸驱动端子部分，如果必须触摸模块端子时，要先将人体或衣服上的静电用大电阻接地进行放电后再触摸；在用导电材料连接模块驱动端子时，在配线未接好之前请先不要接上模块；尽量在底板良好接地的情况下操作。

<h2>任务二 电机控制器的故障检修</h2>

 **任务目标**

知识目标

1）了解电机控制器的常见故障处理措施。

2）掌握插头各端子电阻、电压的检测方法。

3）了解电机控制器主要数据流的含义。

技能目标

1）能够读取电机控制器故障码并进行故障分析。

2）能够分析电机控制器的数据流。

3）能够规范完成控制器外部端子的测量。

动力电子单元
（PEU）性能检测

素养目标

1）严格遵守工作标准和要求，树立正确的标准意识。

2）严格执行车间 7S 现场管理，能够与他人团结协作。

3）能够严格执行新能源汽车维修规范，养成严谨科学的工作态度。

 **任务导入**

一辆纯电动汽车的车主在早上准备用车时，发现车辆无法正常上电，仪表上的动力电池故障指示灯和驱动系统故障指示灯点亮。随后该车被拖至新能源汽车

维修服务站进行维修。你的技术主管使用诊断仪器对该车进行全车扫描诊断，发现仪器无法与驱动电机控制器进行通信。作为维修技师，请问你能够胜任接下来的检修工作吗？

知识储备

电机控制器出现故障时，整车通常表现为高压无法上电（READY 或 OK 灯不亮），或者高压系统可以上电，但是挂入 D 位或 R 位后，车辆无法行驶，仪表报"请检查动力系统"。维修技师检修此类故障时，需要使用故障诊断仪器进入"电机控制器"模块读取故障码和数据流。此时有两种情况，一种是"系统无应答"，诊断仪器无法与电机控制器进行通信，需要进行全面诊断；另一种是可进入相应模块读取故障码，根据故障码进行诊断。

一、电机控制器的常见故障

电机控制器的常见故障类型主要有电机控制器通信故障、驱动电机旋变信号故障、电机转子偏移角故障、电机过温故障、电机控制器内部硬件故障、高压供电回路故障等。表 4-2-1 详细列出了故障现象和处理方法，维修时可以根据电动汽车的故障现象、故障码进行综合分析，采取相应的检修措施。

表 4-2-1　电机控制器的常见故障现象与处理方法

序号	故障原因	故障描述	处理方法
1	电机控制器通信故障	车辆无法上电，诊断仪器无法与电机控制器通信，从其他控制单元可以读取与 MCU 无法通信的故障码	查询电路图，检查电机控制器插头端子是否安装到位，插头针脚是否接触不良，检查电机控制器插接器的电源、搭铁及 CAN 通信总线是否正常，如果以上均正常，则更换电机控制器
2	驱动电机旋变信号故障	诊断仪器读取电机控制器的故障码，可能读取到以下类似故障： 1）正弦 / 余弦输入信号超过电压阈值 2）正弦 / 余弦输入信号低于电压阈值 3）配置错误、奇偶校验错误，锁相错误 4）电机超速故障	查询电机控制器的旋转变压器线路图，检测电机旋变传感器的正弦、余弦、励磁电阻值，检测驱动电机旋变信号屏蔽线路，检测励磁信号线路，检测正弦、余弦信号线路，必要时替换旋变传感器或电机控制器

（续）

序号	故障原因	故障描述	处理方法
3	电机转子偏移角故障	诊断仪器读取电机控制器的故障码，可能读取到以下类似故障： 1）初始位置标定处于加速阶段，加速至阈值频率的时间超过时间阈值 2）offset角不合理故障	使用诊断仪读取电机当前转子偏移角，检查偏移角是否在标准范围内。如果不在标准范围内，根据电机铭牌上的标准值，使用诊断仪器重新标定转子偏移角
4	电机过温故障	冷却液过温故障，定子温度最大值超过阈值，定子温度最小值小于阈值	检查冷却液是否充足，检查冷却液泵是否正常，检测驱动电机信号屏蔽线路，检查电机温度传感器1、电机温度传感器2自身的阻值及其线路是否正常。必要时替换电机控制器
5	电机控制器内部硬件故障	挂档后无法行驶，诊断仪器可能读取电机控制器如下故障码：U相/V相/W相IGBT温度值大于（或小于）阈值，或者任意两相温度之差大于（或小于）阈值，IGBT过温故障等	观察诊断仪器的IGBT温度数据流，对比电机冷却液温度数据流，如果冷却液温度正常，IGBT温度异常，则更换电机控制器
		诊断仪器可能读取电机控制器如下故障码：U相/V相/W相电流过大或过小，三相电流之和不合理故障，电流幅值不合理故障，电流中心线偏移量不合理故障等	更换电机控制器
		诊断仪器可能读取电机控制器如下故障码：主动放电超时	在高压下电以后，电机控制器进入主动放电模式，对电容器进行放电。如果出现放电超时故障码，则更换电机控制器
6	电机控制器高压供电回路故障	车辆无法上电，诊断仪器可能读取电机控制器如下故障码：高压端欠电压检测、高压端过电压检测	确认高压配电箱内的高压熔断器无烧断。观察诊断仪器的数据流，通过对比BMS上报的电池电压与电机控制器上报的母线电压，判断两者的电压相差是否过大。如果相差过大，则更换电机控制器

1. 电机控制器通信故障

维修技师使用诊断仪器对全车控制单元进行扫描诊断，发现除驱动电机控制器无法通信外，其余控制单元均可以正常通信，这类故障称为电机控制器通信故障。维修技师应认真检查电机控制器低压接插件相关的引脚是否松脱、氧化，若无异常，可使用数字式万用表或示波器检查电机控制器的电源、接地、CAN通信等。

以吉利 EV450 为例，出现电机控制器通信故障以后，车辆无法行驶，组合仪表动力系统故障指示灯、驱动电机故障指示灯、防滑故障指示灯点亮。对该车故障现象进行了初步分析，对可能的故障原因列出如下：电机控制器低压供电回路故障，电机控制器 CAN 总线故障，电机控制器故障。然后开始执行诊断步骤：

1）检查蓄电池电压。操作起动开关使电源模式置于 OFF 状态。用数字式万用表测量蓄电池电压，标准电压值为 11~14V，实际电压值为 12.5V，确认测量值是否符合标准。

2）查询电机控制器（MCU）的线路图，尤其要仔细分析电机控制器的电源、搭铁和通信线路，如图 4-2-1 所示。

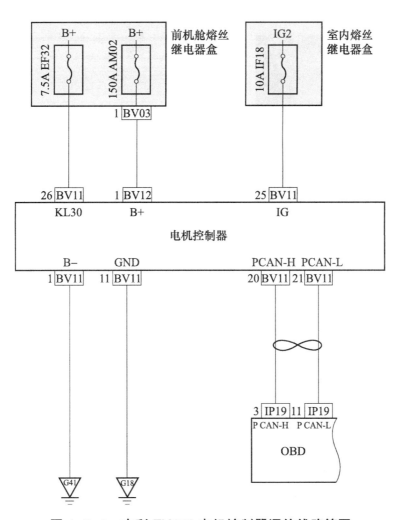

图 4-2-1 吉利 EV450 电机控制器通信线路简图

3）检查电机控制器的低压供电熔丝。操作起动开关使电源模式置于 OFF 状态，拔下前机舱熔丝继电器盒内的 7.5A 熔丝 EF32，以及室内熔丝继电器盒内的 10A 熔丝 IF18，检查熔丝是否熔断，使用数字式万用表测量熔丝两端的电阻值，标准值小于 1Ω，确认测量值是否符合标准。如果熔丝熔断，则更换额定容量的熔丝，并分析和检查熔丝熔断的原因。

4）检查电机控制器电源电压。操作起动开关使电源模式置于 OFF 状态。断开电机控制器线束插接器 BV11（图 4-2-2a），使用数字式万用表测量电机控制器线束插接器端子 26（图 4-2-2b）和车身接地之间的电压值，标准值为 11~14V，确认电压值是否符合标准。操作起动开关使电源模式置于 ON 状态，用万用表测量电机控制器线束插接器端子 25 和车身接地之间的电压值，标准电压值为 11~14V，确认电压值是否符合标准。

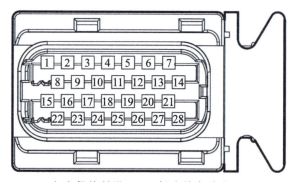

a）断开低压插头　　　　　　　　b）电机控制器 BV11 插头针脚说明

图 4-2-2　吉利 EV450 驱动电机控制器低压插头

5）检查电机控制器接地电阻。操作起动开关使电源模式置于 OFF 状态。断开电机控制器线束插接器。使用数字式万用表分别测量电机控制器线束插接器端子 1 号、11 号与车身接地之间的电阻，标准电阻值应小于 1Ω，确认电阻值是否符合标准。

6）检查电机控制器的通信线路。操作起动开关使电源模式置于 OFF 状态，断开蓄电池负极，断开电机控制器线束插接器，用万用表测量电机控制器线束插接器端子 21 和诊断接口端子 11 之间的电阻，标准电阻值为小于 1Ω。用万用表测量电机控制器线束插接器端子 20 和诊断接口端子 3 之间的电阻，标准电阻值为小于 1Ω。确认测量值是否符合标准。

7）进行 P-CAN 网络完整性检查。操作起动开关使电源模式置于 OFF 状态，断开蓄电池负极。用万用表测量诊断终端接口端子 3 和端子 11 之间的电阻值，标准电阻值为 55~67.5Ω。确认测量值是否符合标准。

如果以上检测数值均正常，则更换驱动电机控制器。

2. 电机控制器内部硬件故障

电机控制器内部硬件故障所表现出来的故障码多种多样，例如驱动电机控制器 IPM 温度采样异常、驱动电机控制器 IPM 故障、驱动电机控制器霍尔式电流传感器 A（或 B 或 C）故障、驱动电机缺 A 相（或 B 相、C 相）、驱动电机控制器 EEPROM 错误、驱动电机控制器电压采样故障、驱动电机过电流故障等。

（1）驱动电机控制器霍尔式电流传感器 A（或 B 或 C）故障　电动车辆表现为高压无法上电，仪表报"请检查动力系统"，使用诊断仪器读取电机控制器的故障码为：霍尔式电流传感器 A 故障、霍尔式电流传感器 B 故障、霍尔式电流传感器 C 故障。

对于此类故障，维修技师应尽可能获取该车维修资料中关于这类故障的维修技术信息。使用诊断仪器尝试清除故障码，确认故障码是否会重现。查询驱动电机控制器的程序版本信息，有新版本的前提下尝试对控制器软件进行升级。如果故障码仍然存在，则拆卸驱动电机控制器，检查霍尔式电流传感器的线路是否正常，必要时替换霍尔式电流传感器。如果霍尔式电流传感器和线路正常，则更换电机控制器。

（2）IGBT 过温警告、IPM 散热器过温故障　使用诊断仪器尝试清除故障码，确认故障码是否会重现。查询驱动电机控制器的程序版本信息，有新版本的前提下尝试对控制器软件进行升级。读取电机控制器的数据流，确认相关温度数值是否异常，例如 IGBT 温度、IPM 散热器温度、电机温度等数值。观察诊断仪器的 IGBT 温度数据流，对比电机冷却液温度数据流，如果冷却液温度正常，IGBT 温度异常，则更换电机控制器。

检查电机冷却回路，重点检查电机冷却液泵及各冷却系统接口的运行情况，可用手捏下管路和电机确认，检查冷却水管是否正常连接，使用万用表检查电机冷却液泵的相关线路是否正常。检查冷却液温度传感器是否正常，确认安装到位。

若以上均正常，则更换驱动电机控制器。

（3）驱动电机缺 A 相（或 B 相、C 相）故障　电动车辆无法上电和行驶，组合仪表 OK 指示灯不会点亮。使用诊断仪器读取电机控制器的故障码：P1BC200——前驱动电机缺 A 相，P1BC300——前驱动电机缺 B 相，P1BC400——前驱动电机缺 C 相。

1）操纵点火开关置于 OFF 状态，断开蓄电池负极，冷车 10min，拆除驱动电机控制器与驱动电机三相铜排连接处端盖，使用微欧计测量驱动电机 U-V 相 /U-W 相 /V-W 相之间的直流电阻，阻值是否在 38mΩ 左右；若阻值正常，则进入步骤 2；若阻值不正常，则进入步骤 3。

2）更换驱动电机控制器，整车上电，观察能否点亮 OK 指示灯。使用专用诊断仪器读取故障码，若故障码不存在，则对电机控制器进行零位标定操作。

3）更换驱动电机总成，整车上电，观察能否点亮 OK 指示灯，并使用诊断仪读取故障码，确认故障码不再出现。

二、更换电机控制器后的匹配

比亚迪 e5 电机控制器（VTOG）带有防盗功能，即在整车上电之前（OK 灯点亮），电机控制器也需要对码。更换电机控制器后，如果未进行匹配，整车将无法上电。

在更换电机控制器时，使用比亚迪专用仪器先对原车的电机控制器（VTOG）进行密码清除，然后再将换上的备件进行防盗编程。诊断仪器附加功能中的"防盗匹配"项目，有"电机控制器编程""电机控制器密码清除"，维修技师可以根据仪器中的提示进行操作。

三、电机控制器典型案例

1. 比亚迪 e6 挂档后无法行驶

故障现象：比亚迪 e6 可以正常上电，仪表 OK 灯能够点亮，但是挂 D 位及 R 位时，档位显示正常，踩下加速踏板，车辆无反应，无法正常行驶。

故障诊断与维修：使用诊断仪器读取电机控制器（VTOG）的故障码如下：P1B3200（GTOV 电感温度过高）。尝试清除故障码，故障码可以清除，但是车辆仍然无法行驶。

读取电机控制器的数据流，发现电感温度数据流异常，见表 4-2-2 和表 4-2-3。

表4-2-2 电机控制器的数据流（1）

序号	项目	数据流
1	电机温度	10℃
2	IGBT 最高温度	29℃
3	电感最高温度	无效值
4	IPM 散热器温度	17℃

注：IPM（Intelligent Power Module）指智能功率模块，IGBT指绝缘栅双极型晶体管，VTOG指双向逆变式电机控制器模块。IPM把功率开关器件（IGBT）和驱动电路集成在一起，而且内部有过电压、过电流和过温等故障检测电路，并可将检测信号送到CPU。

表4-2-3 电机控制器的数据流（2）

序号	项目	数据流
1	电机温度	10℃
2	IGBT 最高温度	29℃
3	电感最高温度	160℃
4	IPM 散热器温度	17℃

根据以上数据流分析，电感温度过高导致电机控制器进入热保护模式，初步判断 VTOG 内部故障。

故障排除：更换双向逆变器 VTOG 总成后，故障排除，车辆可以正常挂档行驶。

2. 比亚迪 e6 挂档后无法行驶

故障现象：比亚迪 e6 可以正常上电，仪表 OK 灯能够点亮，组合仪表显示屏出现"请检查动力系统"的故障信息。挂 D 位及 R 位时，档位显示正常，踩下加速踏板，车辆无反应，无法正常行驶。

故障诊断与维修：使用诊断仪器读取电机控制系统的故障码。

P1B0000——驱动 IPM 故障；P1B0A00——电机缺相故障

尝试清除故障码，再次读取电机控制器的故障码，只剩下 P1B0A00（电机缺相故障）。根据故障码的提示，操作点火开关置于 OFF 位置，断开蓄电池负极，使用微欧表测量驱动电机 U 相、V 相、W 相任意两相之间的电阻值，所测得的数值相差不大（38mΩ 左右）。观察高压蓄电池管理器（BMS）的数据流，确认主接触器已经正常闭合，初步判断电机控制器内部故障。

故障排除：更换电机控制器 VTOG 后，故障排除。

技能大赛与 1+X 考证

1. 新能源汽车检测与维修赛项模拟故障设置点

模块	故障现象	所属系统（范围）	故障部位（点）	说明
模块 1	高压供电不正常	电机控制系统	电机控制器通信故障，例如低压供电熔丝断路故障、搭铁故障，低压供电电源对地短路故障	结合车型以及维修资料、电路图进行故障验证
		总线系统	电机控制器通信总线断路、对地短路或互短，或 CAN 阻值过低、过高等故障	
模块 2	螺栓松动	电机控制系统	电机控制器螺栓松动	

2. "1+X" 证书强化训练项目

结合车型以及维修资料，进行电机控制器一般性故障诊断，记录故障元件相关信息及诊断过程。

项目	考核内容	所属系统（范围）	考核要求	说明
项目二	电机控制器一般性故障诊断	电机控制系统	使用诊断仪器对电机控制器进行检测、读取故障码，对关键数据流进行记录和分析，并填写电机控制器电路图的页码信息	结合车型以及维修资料、电路图进行故障验证

任务一　整车控制系统认知

✏ 任务目标

知识目标

1）了解整车控制系统的含义。

2）理解整车控制器的常见功能。

技能目标

1）能在车上准确找出整车控制器的安装位置。

2）能进行整车控制器的更换和匹配操作。

整车控制器的
拆卸与安装

素养目标

1）培养学生理论联系实际、发现问题和解决问题的能力。

2）培养学生热爱学习、潜心研究的工匠精神。

3）能够严格执行新能源汽车维修规范，养成严谨科学的工作态度。

✏ 任务导入

　　一辆纯电动汽车无法上电，你的技术主管经过诊断，确认整车控制器（VCU）内部损坏，你能够完成 VCU 的更换任务吗？

知识储备

一、整车控制系统概述

　　整车控制系统由整车控制器、换档操作机构、电子加速踏板等组成，整车控制器（Vehicle Control Unit）简称 VCU。整车控制系统是电动汽车车辆控制系统的核心，它负责协调各控制系统的协同工作，为车辆的良好运行提供完善的控制逻辑。整车控制系统通过采集电子加速踏板信号、制动踏板信号及其他部件信号，监测车辆信息及驾驶员意图，并根据转矩模型等算法做出相应判断后，控制下层各部件控制器及执行器的动作，驱动汽车正常行驶。

二、整车控制器的功能

作为电动汽车管理中心，整车控制器的主要功能包括驱动控制功能、整车通信网络管理、制动能量回馈控制、整车能量管理和优化、外接充电管理、高压上下电控制、防溜车功能控制、车辆状态的实时监测和显示、故障诊断与处理以及冷却系统控制、减速器控制等，它起着控制车辆运行的作用。

1. 驱动控制功能

电动汽车的驱动电机必须按照驾驶员意图（加速踏板、制动踏板以及选档开关）输出驱动或制动转矩。当驾驶员踩下电子加速踏板时，整车控制器接收加速踏板位置传感器的信号，向电机控制单元发送电机输出转矩信号，驱动电机要输出一定的驱动功率。反之，如果驾驶员踩下制动踏板时，驱动电机接收整车控制器的命令后，输出再生制动功率。踏板开度越大，驱动电机的输出功率越大。因此，整车控制器要合理解释驾驶员操作（通过加速踏板、制动踏板以及选档开关）；接收整车各子系统的反馈信息，对整车各子系统发送控制指令，以实现车辆的正常行驶。吉利 EV450 整车控制器的驱动控制功能原理如图 5-1-1 所示。

2. 整车通信网络管理

对于部分未装备网关模块的电动汽车，在整车网络管理中，整车控制器是信息控制的中心，负责信息的组织与传输、网络状态的监控、网络节点的管理、信息优先权的动态分配以及网络故障的诊断与处理等功能。通过 CAN 总线协调电池管理系统、电机控制器、空调系统等模块相互通信。

3. 制动能量回馈控制

新能源汽车以电动机作为驱动转矩的输出机构。电动机具有回馈制动的性能，此时电动机作为发电机，利用电动汽车的制动能量发电，同时将此能量存储在储能装置中，当满足充电条件时，将能量反充给动力电池组。在这一过程中，整车控制器根据电子加速踏板和制动踏板的深度以及动力电池的 SOC 值来

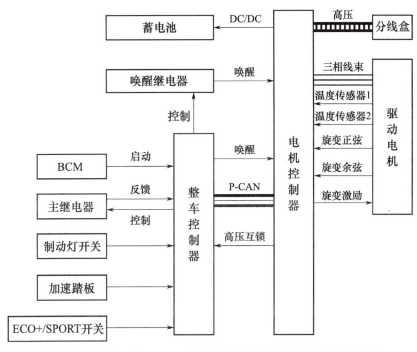

图 5-1-1 吉利 EV450 整车控制器驱动控制功能原理图

判断某一时刻能否进行制动能量回馈，如果可以进行，整车控制器向电机控制器发出制动指令，回收部分能量。

4. 整车能量管理和优化

在纯电动汽车中，电池除了给驱动电机供电以外，还要给电动附件供电，因此，为了获得最大的续驶里程，整车控制器将负责整车的能量管理，以提高能量的利用率。在电池的 SOC 值比较低的时候，整车控制器将对某些电动附件（例如电动空调、电动助力转向）发出指令，限制电动附件的输出功率，来增加续驶里程。

此外，整车控制器向 DC/DC 变换器发送 12V 蓄电池充电的低压设定值，用于 DC/DC 变换器将高压直流端的高压转换成指定的直流低压（12V 低压系统）。

5. 外接充电管理

整车控制器能够实现充电的连接，监控充电过程，报告充电状态，确认充电结束。整车控制器与电池管理系统共同进行充电过程中的充电功率控制，当接收到充电信号后（例如 CC 充电连接确认信号），应该禁止高压系统上电，保证车辆在充电状态下处于行驶锁止状态。

整车控制器能够根据电池状态信息限制充电功率，保护电池。整车控制器接收电池控制单元（BMU）上报的单体电压、电流、温度及整车高压绝缘等信息，并向动力电池发出控制指令。

6. 高压上下电控制

整车控制器协调各相关部件的上电与下电流程，包括电机控制器、电池管理系统等部件的供电，预充继电器、主继电器的吸合和断开时间等。

整车控制器接收起动信号（来自车身控制单元）、制动开关、高压互锁等信号，向电池管理系统（BMS）发送高电位的"唤醒"信号，BMS 判断整车状态为低压唤醒，且 VCU 输出的"唤醒"信号为高电位，BMS 开始初始化，即 BMS 检测外围输入输出接口，读取 BMS 内部 EEPROM 中存储的可用容量、SOC、故障等信息，巡检单体电池状态、电池温度、高压诊断等，以便完成后续的高压上电流程。

如果 BMS 被唤醒后，VCU 输出的"唤醒"信号为低电位（例如关闭点火开关，或高压互锁故障，VCU 输出低电位唤醒信号，请求高压下电），BMS 根据整车状态执行相应高压下电、低压下电流程。

高压下电时，VCU 发出主动放电指令：在车辆下电后，VCU 向电机控制器（MCU）发出主动放电指令，电机控制器进入主动放电模式，用于高压直流端电容（电容位于电机控制器内部）的快速放电。

7. 防溜车功能控制

纯电动汽车在坡上起步时，驾驶员从松开制动踏板到踩加速踏板的过程中，会出现整车向后溜车的现象。在坡上行驶过程中，如果驾驶员踩加速踏板的深度不够，整车会出现车速逐渐降到 0 然后向后溜车现象。

为了防止纯电动汽车在坡上起步和运行时向后溜车现象，在整车控制策略中增加了防溜车功能。防溜车功能可以保证整车在坡上起步时，向后溜车的距离小于 10cm；在整车坡上运行过程中，如果动力不足时，整车车速会慢慢降到 0，然后保持 0 车速，不再向后溜车。

8. 车辆状态的实时监测和显示

整车控制器对车辆的状态进行实时检测，并且将各个子系统的信息发送给车载信息显示系统，其过程是通过传感器和 CAN 总线，检测车辆状态及其各子系统状态信息，驱动显示仪表，将状态信息和故障诊断信息经过仪表显示出来，显示内容包括：电机的转速、车速、电池的电量、故障信息等。

9. 故障诊断与处理

整车控制器连续监视整车电控系统，进行故障诊断。故障指示灯指示出故障类别和部分故障码。根据故障内容，及时进行相应安全保护处理。对于不太严重的故障，能做到低速行驶到附近维修站进行检修。

部分车型的整车控制器还具有防盗功能，更换整车控制器后，必须使用诊断仪器进行防盗匹配，例如比亚迪 e3/ 秦和吉利 EV450，否则车辆将无法上电。

10. 其他功能

（1）电池 / 电机冷却系统控制　整车控制器通过 CAN 总线接收来自电池管理器、电机控制器、空调控制器等请求信号，驱动冷却液泵继电器、冷却液泵、散热器低速风扇继电器、散热器高速风扇继电器或电子冷却风扇模块的运行。

（2）减速器控制　部分车型整车控制器具有减速器控制功能，例如北汽 EU260、吉利、宝马 i3。以吉利 EV450 为例，当驾驶员操作电子换档器进入 P 位时，电子换档器将驻车请求信号发送到整车控制器（VCU），VCU 结合当前驱动电机转速及轮速情况判断是否符合驻车条件。当符合条件时，整车控制器发送驻车指令到 TCU（减速器控制器），TCU 根据驻车条件判断是否进行驻车，TCU 控制电机进入 P 位，锁止减速器。驻车完成后，TCU 将收到减速器发出的 P 位位置信号，并将此信号反馈给 VCU，完成换档过程。

当驾驶员操作电子换档器退出 P 位时，电子换档器将解除驻车请求信号发送给整车控制器（VCU），VCU 结合当前驱动电机转速及轮速情况判断是否满足解除驻车条件，当符合条件时，VCU 发送解除驻车指令到 TCU，TCU 根据解锁条件判断是否进行解锁，TCU 控制电机解除 P 位锁止减速器。解除驻车完成后，TCU 将收到减速器发出的档位位置信号，并将此信号反馈给 VCU，完成换档过程。

宝马 i3 EDME
控制单元

三、常见车型整车控制器的安装位置

1. 比亚迪

不同车型，整车控制器的安装位置有所不同。如图 5-1-2a 所示，2020 款比亚迪 e3 的整车控制器安装在驾驶员座椅下方，2020 款比亚迪秦的整车控制器安装在中央控制台前部下方（图 5-1-2b）。

a）比亚迪 e3 整车控制器

b）比亚迪秦整车控制器

图 5-1-2　比亚迪整车控制器

2. 吉利 EV300/EV450

如图 5-1-3a 所示，吉利 EV450 整车控制器安装在右前减振器支座侧面，VCU 有 2 个插头（图 5-1-3b）。

a）整车控制器的安装位置

b）整车控制器的电气插头

图 5-1-3　吉利 EV450 整车控制器

3. 北汽 EU260

北汽 EU260 整车控制器安装在车辆防火墙中央（动力电子单元后方），如图 5-1-4 所示。

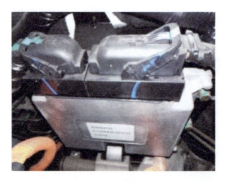

图 5-1-4　北汽 EU260 整车控制器

4. 大众 ID.4

值得注意的是，在 2021 款大众 ID.4 电动汽车的维修资料和诊断仪器中，并没有整车控制器这个名称，大众 ID.4 仍然沿用传统燃油车发动机控制单元的名称。发动机控制单元 J623 相当于整车控制器，安装在仪表板右侧 A 柱附近（图 5-1-5）。J623 主要接收加速踏板位置传感器信号、温度传感器 G18 信号，以及来自 J519 车载电网控制单元的制动开关信号，控制散热器风扇、电机冷却液泵、冷却器遮阳卷帘伺服电动机，同时通过驱动 CAN 总线与数据总线诊断接口 J533、后桥牵引电机控制器 A50 进行数据交换。

a）发动机控制单元 J623   b）J623 电气插头

图 5-1-5 2021 款大众 ID.4 发动机控制单元 J623

四、整车控制器的更换与匹配

1. 更换操作步骤

以吉利 EV450 为例，介绍整车控制器的拆卸与安装步骤。前提条件：打开前机舱盖，断开蓄电池负极电缆。

（1）拆卸整车控制器

1）向上推动整车控制器插头锁扣（图 5-1-6），断开整车控制器线束插接器（图 5-1-7）。

图 5-1-6 向上推动整车控制器插头锁扣   图 5-1-7 断开整车控制器线束插头

2）拆卸整车控制器固定螺栓（图 5-1-8），取出整车控制器（图 5-1-9）。

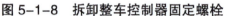

图 5-1-8　拆卸整车控制器固定螺栓　　　　图 5-1-9　整车控制器

（2）安装整车控制器　按照拆卸的相反顺序安装整车控制器，注意螺栓的紧固力矩为 8N·m。连接整车控制器线束插接器，插接时注意"一插、二响、三确认"。连接蓄电池负极电缆，关闭前机舱盖。

2. 更换后的匹配

（1）2020 款比亚迪 e3 更换整车控制器前后的匹配　在更换 2020 款比亚迪 e3 的整车控制器之前，使用诊断仪器读取整车控制器的真空泵工作时间。在更换后，需要对整车控制器进行防盗编码、写入车架号、倾角标定、真空泵时间写入等操作。

1）更换前，读取并记录真空泵工作时间。步骤如下：打开诊断仪器 VDS，选择汽车诊断系统，选择乘用车，点击 EV 进入，根据相关车型，选择相应的车型，点击"ECU 模块"，进行各模块扫描，找到整车控制器，点击"数据流"选项，找到"真空泵工作时间"，记录该数值。

2）更换后，进入如下操作：

①真空泵工作时间标定。点击仪器界面"写真空泵工作时间"，进入该模块，点击"已阅读"，把更换模块之前记录的真空泵工作时间输入进去，点击"开始"按键，执行标定。

②防盗对码编程。点击仪器特殊诊断功能，进入该模块，选择"防盗匹配"项目，选择"电机控制器编程"，点击"已阅读"，点击仪器界面下方"开始"按钮，并把钥匙靠近起动按钮进行防盗匹配，防盗编程成功后界面下方显示"电机控制器编程成功"。

③整车 VIN 写入与读取。点击仪器界面"VIN 自学习"选项，点击第一步

"读取整车 VIN", 点击下方"开始"按钮。然后点击第二步"VIN 自学习", 点击"已阅读", 点击下方"开始"按键, 进行自学习。

④倾角标定。进行倾角标定前, 必须选择一处平坦的地面, 不能有坡度。点击仪器界面"标定"选项, 此时仪器显示"真空泵工作时间清零""倾角下线标定"项目, 选择"倾角下线标定"项目, 仪器界面显示"标定条件要求整车上 OK 档电", 点击"已阅读"并点击"开始"按键, 仪器界面将显示"自动倾角标定: 标定开始, 标定结果: 标定成功"信息, 表明倾角标定成功。

（2）吉利 EV450 更换整车控制器后的匹配　前提条件: 检查蓄电池电压在 12.5V 以上, 车辆所有的功能都应该能正常工作。更换 VCU 后若未完成写 VIN、ESK 操作步骤, 则车辆无法正常上"READY"电, 此时仪表无报警, 车辆不报警但整车会记录故障码, 故障码为: VCU 未写入 ESK 码。

1）将本车遥控钥匙放入可以被认证的区域内。

2）将诊断仪连接至 OBD 诊断接口。

3）按下起动开关使电源模式置于"ON"位置。

4）开启诊断仪, 选择"帝豪 EV350/450", 选择"整车控制器（VCU）", 进入"整车控制器（VCU）"系统。

5）选择"写数据功能", 进入"写数据功能"界面。

6）选择"写车辆识别码（VIN 码）", 进入"写车辆识别码（VIN 码）"界面。

7）弹出"输入数据"界面, 输入 17 位车辆识别码（VIN 码）, 点击确认, 写入完毕。

8）点击"退出", 进入"整车控制器（VCU）"系统。

9）选择"写入 ESK", 弹出"写入 ESK 码"界面。

10）选择"是", 弹出"写入数据"界面, 写入 ESK 码, 点击确认, ESK 码写入成功。

11）退出诊断仪, 车辆可以正常行驶。

任务二 整车控制系统的故障检修

✏️ 任务目标

知识目标

1）了解整车控制器的工作模式。

2）掌握整车控制系统的故障分级。

3）能够描述组合仪表上常见警告灯的含义。

技能目标

1）能够分析整车控制器的数据流。

2）能规范完成整车控制器外部端子的测量。

3）能够独立排除整车控制器无法通信的故障。

素养目标

1）培养学生发现问题和解决问题的能力。

2）培养学生严谨、细致、耐心、踏实的工作作风。

3）能够严格执行新能源汽车维修规范，养成严谨科学的工作态度。

整车控制器性
能检测

✏️ 任务导入

　　一辆纯电动汽车无法上电，你的技术主管使用诊断仪器对该车进行检测时，发现仪器无法与整车控制器（VCU）进行通信。作为维修技师，你能够完成接下来的检修任务吗？

知识储备

一、整车控制器的工作模式

　　整车控制器（VCU）是整车控制系统的核心部件，根据驾驶人意愿和各系统实时状态，经过对比分析后做出决策并发出指令，合理分配动能，使车辆运行在最佳状态。整车控制器工作模式如图 5-2-1 所示，整车控制策略如图 5-2-2 所示。

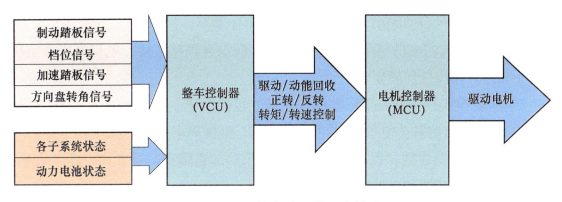

图 5-2-1　整车控制器工作模式

			驾驶意图判断	高压上下电控制		
VCU底层软件输入接口	VCU应用层初始化	VCU输入信号基础处理	工况判断	故障诊断	VCU输出控制信号处理	VCU底层软件输出接口
			转矩需求与限制	辅助系统控制		
			转矩输出	能量管理		
			续驶里程计算	远程控制		
BSW	APP					BSW

图 5-2-2　整车控制策略

纯电动汽车的工作模式一般可以分为三种：正常模式、降级模式、停机保护模式。

1. 正常模式

按照驾驶人意愿、车辆载荷、路面情况和气候环境的变化，调节车辆的动力性、经济性和舒适性。

正常模式又可以细分为：起步模式、空档模式、驱动模式、制动模式、充电模式。

1）起步模式：这个模式最重要的特点是，进入起步模式以后，如果车辆处于水平路面，则车辆会以较小的速度开始行驶；如果车辆处于斜坡上，则车辆至少会维持住原地不动的状态。这是起步模式的特殊设计，该模式下，不必踩踏加速踏板，电机自动输出一个基础转矩，防止溜车。

2）空档模式：电机与车辆的传动系统之间没有机械连接，电机处于悬空状态，不会向外输出任何转矩。

3）驱动模式：车辆处于正常运行状态，包括加速、减速、倒车。这个过程中，VCU持续监测各个电气系统电流、电压、温度等参数，以及车辆自身的车速、滑移率等行车参数，识别驾驶员意图，按照加速踏板的开度和开度变化率，计算电机的驱动转矩和电池的输出功率。

4）制动模式：制动踏板被踩下，起动制动模式。VCU分析制动踏板的开度和开度变化率以及车速，结合车辆自身的车型参数，推算制动力矩。指挥制动控制器，做出最合理的制动力矩分配方案（提供制动力矩的主体包括液压制动系统和电机回收制动），以及是否优先启动ABS主导制动过程，安全有效地实现驾驶员的制动意图。

5）充电模式：充电枪与车辆充电插座物理连接确认后，辅助电源上电，相互发送握手报文并完成绝缘检测。握手完成后，进行参数确认。充电机发送充电机最大输出能力报文，BMS确认是否可以以最大能力充电，若不可以，则发送电池包的最大接受能力。进入正式充电阶段，在此过程中，充电机和BMS实时互相发送状态信息，BMS周期性发送需求参数。充电结束，其判别条件根据BMS的不同设置而有所不同，一般做法是，充电最后恒压阶段，电流衰减到一个设定值或者设定的倍率，即认为电池包已经充满，充电过程可以结束。充电过程中，任何一方发生故障，比如过温、过电流等，充电机都会发出报警，根据故障等级的不同，有的直接终止，有的等待。

2. 降级（跛行）模式

当出现某种中等级别故障或限制性情况时，会对车辆的运行状态进行限制。比如电池电量SOC低于30%，限速行驶。此时的动力电池系统已经无法输出额定功率，而只能以一个较小的功率工作。

3. 停机保护模式

当系统出现严重安全故障时，强制车辆停止运行，比如检测出了系统绝缘故障、制动故障等。

二、整车控制系统的检查与维护

1. 检查整车控制器

在日常维护过程中，应检查整车控制器的安装情况，检查整车控制器的所有固定螺栓应紧固，否则应重新紧固。检查整车控制器接插件应连接牢固，否则应重新连接。检查整车控制器线束应无异常磨损与破损，否则应及时排除故障并检修。

2. 检查电子加速踏板总成

操纵点火开关置于"OFF"状态，检查加速踏板周围活动区域是否有部件干涉及遮挡，若有，应及时清除。踩踏加速踏板总成至最深位置，应顺畅无卡滞，否则应排除故障或更换电子加速踏板总成。

三、整车控制器数据流

1. 2020 款比亚迪秦整车控制器数据流（表 5-2-1）

表 5-2-1　2020 款比亚迪秦整车控制器数据流

编号	名　称	数值	说　明
1	读取 VIN 是否写入	已写入	更换 VCU 后，必须写入 VIN 底盘号码，锁定车架号
2	读取制动开关状态	未踩下	
3	读取巡航配置状态	保留或无效数据	未装备巡航系统
4	加速踏板深度电压 2	0.4V	
5	加速踏板深度电压 1	0.77V	
6	制动踏板深度电压 2	0.03V	
7	制动踏板深度电压 1	0.03V	
8	倾角标定工作信息 / 是否校准	已校准	更换 VCU 后必须校准倾角
9	整车车速	0.0 km/h	
10	真空泵继电器状态	正常	
11	真空泵工作时间	480 分钟	更换 VCU 前，需要读取真空泵工作时间，更换后，需要重新写入真空泵工作时间，标准值为 300~500min
12	真空压力报警	正常	
13	冷却液温度报警	正常	

（续）

编号	名　称	数值	说　明
14	真空压力值	73kPa	
15	冷却液温度值	24℃	
16	坡道坡度	1°	
17	EPB 状态	锁止	
18	风扇低速继电器状态	冷却风机低关断	
19	风扇高速继电器状态	冷却风机高关断	
20	真空泵状态	真空泵关断	
21	无级风扇请求状态	预留	该车风扇采用继电器控制，未采用无级风扇控制方式
22	OK 灯状态	点亮	
23	前驱目标转矩	0.0N·m	
24	制动踏板深度	0%	0~100%，0% 代表制动踏板未踩下
25	加速踏板深度	0%	0~100%，0% 代表加速踏板未踩下
26	动力系统状态	正常	
27	整车运行模式	经济模式	运行模式可以选择
28	整车工作模式	纯电动前驱	
29	整车档位	P 位	
30	整车控制器防盗解除状态	成功	更换 VCU 后，必须完成防盗匹配。如果显示"失败"，车辆将无法上电
31	整车控制器起动允许	允许启动	满足车辆上 OK 电的条件
32	主接触器状态	吸合	
33	加速踏板错误	无故障	加速踏板传感器自检正常
34	过载警告	无故障	
35	档位故障状态	无故障	档位传感器自检正常

2. 2017 款北汽 EU260 整车控制器数据流（表 5-2-2）

表 5-2-2　2017 款北汽 EU260 整车控制器数据流

编号	名　称	数值	说　明
1	整车状态	30	
2	里程读数	89 km	
3	供电电压	13.6 V	
4	加速踏板开度	0%	未踩下加速踏板
5	制动踏板信号	释放	未踩下制动踏板

（续）

编号	名　称	数值	说　明
6	档位信号	N	整车控制器接收档位信号
7	整车模式变量	运行	
8	母线电流	0.00 A	
9	驱动电机目标转矩命令	0.00 N·m	VCU 监测到加速踏板信号、制动信号、选档开关未操作，因而未向电机控制器发送电机需求转矩命令
10	驱动电机目标转速命令	−0.4 r/min	
11	驱动电机当前转矩	0.00 N·m	
12	驱动电机当前转速	−0.4 r/min	
13	直流母线电压实际值 V1	369.00 V	动力电池正、负极继电器内侧
14	直流母线电压实际值 V2	369.00 V	动力电池负极继电器外侧，正极继电器内侧
15	直流母线电压实际值 V3	369.00V	动力电池正极继电器外侧
16	车速	0km/h	
17	真空泵使能状态	使能	
18	真空泵工作电流	11 A	
19	真空压力	64kPa	

四、整车控制系统的检修

1. 故障警告灯解释

（1）电动汽车常见的指示灯／警告灯　指示灯／警告灯用于指示各种不同警报、故障或某些功能。打开点火开关时，某些指示灯／警告灯将点亮，在进入行驶或就绪状态后，或车辆处于行驶状态时，指示灯／警告灯应熄灭。电动汽车的仪表显示内容如图 5-2-3 所示。根据车辆的实际运行情况，以及结合故障类型，在仪表上点亮相应的指示灯／警告灯，仪表符号说明见表 5-2-3。

图 5-2-3　2020 款比亚迪秦仪表显示内容

表 5-2-3　常见指示灯 / 警告灯及其含义

指示灯 / 警告灯	功 能 含 义
	动力电池切断：动力电池处于切断状态时，LED 常亮
	动力电池故障：当动力电池发生故障时，LED 常亮
	动力电池充电指示灯，黄色
	电驱动装置或电驱动系统存在故障
	系统故障指示灯（整车故障），红色
	减速器故障指示灯，红色
	行驶准备就绪指示灯，绿色。有些车用"OK"指示灯，例如比亚迪
	电机及控制器过热指示灯，红色
	充电线连接指示灯，红色

（2）大众 ID.4 CROZZ 部分仪表指示灯 / 警告灯　根据车型配置，组合仪表可能显示符号，而非点亮警告灯，某些警告灯和指示灯不是在所有车型上均适用。大众 ID.4 CROZZ 仪表指示灯 / 警告灯见表 5-2-4。

表 5-2-4　大众 ID.4 CROZZ 仪表指示灯 / 警告灯及其含义

图标	含 义
	中央警告灯：务必严格遵守组合仪表显示屏显示的辅助信息
	高压蓄电池深度放电
	制动系统发生故障
	冷却系统有故障
	电动 - 机械转向系统发生故障
	预碰撞安全系统发出撞车警报
	12V 车载蓄电池
	高压蓄电池电量耗尽

（续）

图标	含　义
	电驱动装置存在故障
	高压蓄电池电量已耗尽，无法继续行驶
	接管方向盘
	预防式乘员保护系统进行干预
	中央警告灯：务必严格遵守组合仪表显示屏显示的辅助信息
	紧急呼叫系统有故障或系统受限
	12V 车载蓄电池
	高压蓄电池电量低
	行驶功率受限

2. 故障分级与处理

　　整车控制系统的故障可以分为四级，一级为致命故障，出现这类故障时，高压系统将紧急切断；二级为严重故障，车辆可以上 OK 或 READY 电，但是挂入档位以后，车辆无法行驶，VCU 未向电机控制器输出转矩命令；三级为一般故障，根据故障类型不同，对车辆造成的影响可以分为跛行、降功率、限功率、限速等不同结果；四级为轻微故障，出现这类故障，仅在仪表显示屏中显示能量回收故障，仅停止能量回收。整车故障分级及处理见表 5-2-5。

表 5-2-5　整车故障分级及处理

等级	名称	故障后处理	故　障　列　表
一级	致命故障	紧急断开高压	MCU 直流母线过电压故障、BMS 一级故障
二级	严重故障	零转矩	MCU 相电流过电流、IGBT、旋变等故障；电机节点丢失故障；档位信号故障
三级	一般故障	跛行	加速踏板信号故障
		降功率	MCU 电机超速保护
		限功率 < 7kW	跛行故障、SOC < 1%、BMS 单体欠电压、内部通信、硬件等二级故障
		限速 < 15km/h	低压欠电压故障、制动故障

（续）

等级	名称	故障后处理	故 障 列 表
四级	轻微故障	只仪表显示（维修提示）能量回收故障，仅停止能量回收	MCU电机系统温度传感器、直流欠电压故障；VCU硬件、DC/DC变换器异常等故障

3. 加速踏板信号故障

1）可能出现的故障码：加速踏板信号1短路到电源，加速踏板信号1开路或短路到地，加速踏板信号2开路或短路到地，加速踏板信号2开路或短路到地，加速踏板两路信号不一致。

2）可能的故障原因：加速踏板位置传感器的接插件锈蚀，线束断开或接插件未插，线路老化或短路，加速踏板位置传感器故障，整车控制器故障。

3）故障诊断：连接诊断仪器，读取整车控制器的故障码，如果故障码为"当前故障"，说明故障持续存在。读取整车控制器的数据流，踩下加速踏板，确认加速踏板位置传感器1和加速踏板位置传感器2的电压变化是否正常。

将点火开关置于"OFF"状态，拔下加速踏板位置传感器的接插件，检查加速踏板线束是否存在损坏、断裂等现象。检查加速踏板线束接插件是否存在腐蚀、损坏等现象。将点火开关置于"ON"状态，测量加速踏板位置传感器上的插头是否有2根为5V参考电压。测量加速踏板位置传感器至整车控制器（VCU）之间的线路是否正常，以及信号线路是否对地或对电源短路。如果线路正常，则更换加速踏板位置传感器，确认故障排除。

4. 高压互锁故障

1）在整车控制器中可能出现的故障码：高压互锁故障、VCU高压互锁断开、准备充电过程中高压互锁检测超时。

2）可能的故障原因：高压互锁回路中1个或多个接插件松动或未连接。

3）故障可能造成的影响：无法高压上电或造成高压下电。

4）建议的维修措施：断开蓄电池负极后，根据高压互锁原理图，检测各接插件连接是否正常、牢固，检查VCU互锁回路是否断路。

整车控制器通信故障

思考练习

一、多项选择题

1. 在纯电动轿车中，以下关于整车控制器的供电电压错误的是（　　　）。

    A. 供电电压为 12V   B. 供电电压为 5V

    C. 供电电压为 24V   D. 供电电压为 36V

2. 对于整车控制器（VCU）说法错误的是（　　　）。

    A. 实现对支路用电器的保护及切断

    B. 通过化学反应把化学能直接转变成低压直流电能的装置

    C. 使用的是 340V 的直流高压电

    D. 使用的是 12V 的直流低压电

3. 高压互锁系统在识别到危险时，整车控制器应根据危险时的行车状态及故障危险程度运用合理的安全策略，包括（　　　）。

    A. 切断低压源   B. 切断高压源

    C. 降功率运行   D. 故障报警

4. 整车控制器根据车辆的运行情况，包括（　　　）来决定电池输出转矩。

    A. 车速   B. 加速踏板

    C. 方向盘角度   D. 车身高度

二、判断题

1. DC/DC 变换器的主要功能是将交流电转换成低压交流电。 （　　　）

2. 整车控制器可以收集驾驶员加速踏板、油门等操作信号。 （　　　）

3. 整车控制系统出现四级故障时，车辆仍然可以上电和行驶。 （　　　）

4. 比亚迪秦和吉利 EV450 更换整车控制器后，无须进行防盗匹配，车辆仍然可以上电。 （　　　）

5. 加速踏板位置传感器 1 和加速踏板位置传感器 2 是一种冗余信号，其中一个传感器失效时，整个传感器将失效。 （　　　）

充电系统认知与检修

任务一 充电系统认知与拆装

✏️ 任务目标

知识目标

1）能够描述充电系统的作用与主要类型。

2）掌握电动汽车交流充电系统的工作原理与基本组成。

3）掌握电动汽车直流充电系统的工作原理与基本组成。

技能目标

1）能够在车上识别出充电系统的主要部件。

2）能够进行车载充电机的拆卸与安装。

直流充电接口
及线束的拆装

素养目标

1）树立节能、安全和为客户服务的意识。

2）具有团队合作意识，共同完成车载充电机的拆装任务。

3）能够严格执行新能源汽车维修规范，养成严谨科学的工作态度。

✏️ 任务导入

一辆纯电动汽车无法使用家用充电连接器进行充电，你的技术主管通过诊断确认车载充电机损坏。请问你能规范地完成车载充电机的更换吗？

知识储备

一、充电系统概述

充电系统从功能上分为快充、慢充、低压充电、制动能量回收四项。从充电设施上区分，主要包括家用随车充电枪、充电桩、充电站、换电站。

根据车型和配置不同，快充功能所包含的部件有所不同。对于快充（直流充电）接口直接连入动力电池的车型，例如吉利 EV300/EV450，快充功能主要由直流充电口（带高压线束）、动力电池组成。对于快充接口直接连入"四合一"或充配电总成的车型，快充功能主要由直流充电口、"四合一"或充配电总成、动力电池组成，例如比亚迪 e5、比亚迪秦、北汽 EU260。

慢充功能由交流充电口（带高压线束）、交流充电插座、交流充电枪、车载充电机、高压配电箱、动力电池组成。对于装备"四合一"的车型，车载充电机集成在"四合一"内部。

同样，根据车型不同，低压充电功能所包含的部件也有所不同，主要由 12V 铅酸蓄电池（2016 款比亚迪 e5 使用铁锂电池）、DC/DC 变换器、分线盒、动力电池组成。DC/DC 变换器有些集成在电机控制器内部（例如吉利 EV300/450），有些集成在"四合一"内部（例如北汽 EU260、比亚迪 e5），有些集成在"三合一"内部（2021 款比亚迪秦）。

能量回收功能由制动开关、动力电池、驱动电机、整车控制器、高压线束等部件组成。

充电时，根据选择的充电类型，连接交流充电插头或者直流充电插头到相应的充电插座，连接正确后开始充电。充电口连接后形成检测回路，当出现连接故障时，系统可以检测该故障。目前大多数新能源车型都同时采用直流和交流两种接口，不过早期生产的车型仅提供交流慢充接口。

二、交流充电（慢充）系统

1. 交流充电（慢充）系统概述

交流充电系统将公共电网的交流电能传递给车载充电机，车载充电机将交流电变换为直流电，并给电池组箱充电。交流充电（慢充）系统主要由交流充电口、交流充电插座、交流充电枪、车载充电机、动力电池等组成，如图 6-1-1 所示。

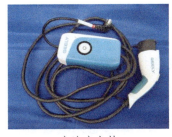
交流充电枪

慢充充电口

车载充电机

图 6-1-1　吉利 EV450 交流充电（慢充）系统主要部件

动力电池　　　　　　　　整车控制器　　　　　　　橙色高压线束

图 6-1-1　吉利 EV450 交流充电（慢充）系统主要部件（续）

2. 充电接口及其针脚含义

慢速充电接口适合于电动汽车传导充电使用，其接口功能定义执行国家标准 GB/T 20234.2—2015《电动汽车传导充电用连接装置　第 2 部分：交流充电接口》规定，其额定电压值分为 250V 和 440V，额定电流值分为 10A、16A、32A 和 63A。交流充电接口的额定值见表 6-1-1。**注意：家用充电插座额定电流应不小于充电插座额定电流，否则可能会导致发热，甚至产生火灾。**

表 6-1-1　交流充电接口的额定值

额定电压 / V	额定电流 /A
250	10/16/32
440	16/32/63

吉利 EV450 的交流充电口安装在车身左前翼子板上（图 6-1-2）。

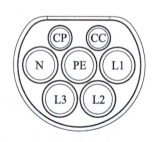

图 6-1-2　交流充电口及端子布置图

2021 款大众 ID.4 快充接口和慢充接口均位于车辆右后方，直流充电口及其高压线束直接连接至动力电池，交流充电口连接至高压蓄电池充电装置，如图 6-1-3 所示。交流充电口的针脚含义见表 6-1-2。

a）交流及直流充电口

b）动力电池

高压蓄电池
充电装置
c）高压蓄电池充电装置

图 6-1-3　大众 ID.4 充电接口及动力电池

表 6-1-2　交流充电口插座（慢充接口）的针脚含义

触点标识	功能定义
CP	控制导引
CC	充电连接确认
N	中性线
PE	保护接地线
L1	交流电源（单相）
L2,L3	交流电源（三相），一般为空

交流充电接口端子功能定义如下：

1）L1、L2、L3 为三相交流电源，如果 L2、L3 为空脚，表示该车的充电接口为单相 220V 交流电充电模式。如果 L2、L3 有用，说明该车采用三相 380V 交流电充电模式。

2）N 为中性线。

3）PE 为保护接地线。

4）CC 为充电连接确认信号，用于唤醒汽车充电控制单元。根据车型不同，汽车充电控制单元可以是车载充电机（OBC）、整车控制器（VCU）、充电辅助控制器（ACM），也可以是电池管理单元（BMS）。对于吉利 EV450 车型，车载充电机检测 CC 与 PE 端子之间的电阻值，查询充电枪的充电功率，即确认当前充电连接装置（电缆）的额定容量。而吉利 EV300 则由辅助控制模块（ACM）检测 CC 与 PE 端子之间的电阻值。

5）CP 为控制导引信号，交流充电枪中供电控制装置采集 CP 点电压信号，判定充电插头是否连接良好。当 CP 信号有效时，交流充电枪中供电控制装置闭合内部接触器，输出 220V 交流电压给充电机。

充电插头与充电插座连接过程中耦合顺序如下：接地（PE），交流电源（L）与中线（N），控制导引（CP）与充电连接确认（CC），如图 6-1-4 所示。

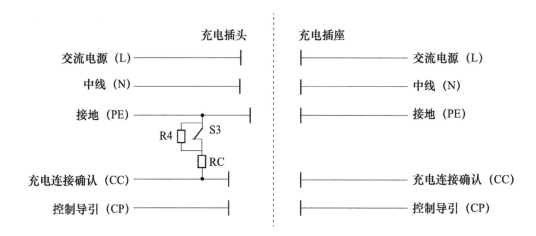

图 6-1-4　交流充电接口插头和插座界面示意图

使用家用随车充电枪对电动汽车进行充电（充电模式 2 连接方式 B）的控制导引电路原理如图 6-1-5 所示。

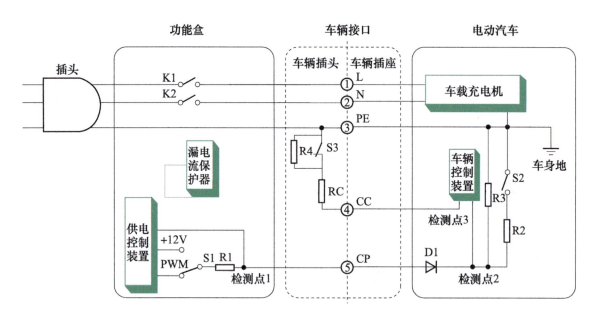

图 6-1-5　充电模式 2 连接方式 B 控制导引电路原理图

使用交流充电桩对车辆进行充电（充电模式 3 连接方式 C）的控制导引电路原理，如图 6-1-6 所示。

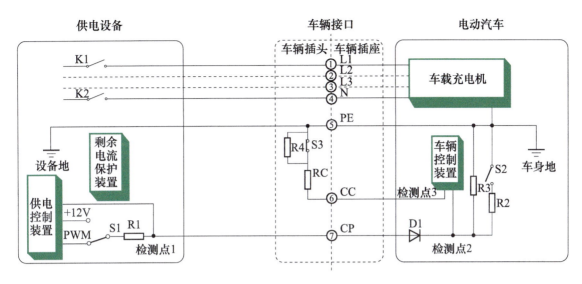

图6-1-6 充电模式3连接方式C控制导引电路原理图

图6-1-5、图6-1-6中的开关S3为车辆插头的内部常闭开关，与插头上的下压按钮（用以触发机械锁止装置）联动，按下按钮解除机械锁止功能的同时，S3处于断开状态。由于未连接充电枪时，S3为常闭触点开关，使用万用表测量交流慢充插头CC与PE端子之间的RC电阻值，根据表6-1-3可知，如果测得RC电阻值为680Ω，说明充电电缆的容量为16A；如果测得RC电阻值为220Ω，说明充电电缆的容量为32A；如果测得RC电阻值为100Ω，说明充电电缆的容量为63A。

表6-1-3 交流充电枪（慢充）CC与PE端子之间的电阻值

状态	RC	R4	S3	车辆接口连接状态及充电电缆额定容量
状态A	—		—	车辆接口未完全连接
状态B	—		断开	机械锁止装置处于解锁状态
状态C	1.5kΩ/0.5W	—	闭合	车辆接口已完全连接，充电电缆容量为10A
状态C′	1.5kΩ/0.5W	1.8kΩ/0.5W	断开	车辆接口处于半连接状态
状态D	680Ω/0.5W	—	闭合	车辆接口已完全连接，充电电缆容量为16A
状态D′	680Ω/0.5W	2.7kΩ/0.5W	断开	车辆接口处于半连接状态
状态E	220Ω/0.5W	—	闭合	车辆接口已完全连接，充电电缆容量为32A
状态E′	220Ω/0.5W	3.3kΩ/0.5W	断开	车辆接口处于半连接状态
状态F	100Ω/0.5W	—	闭合	车辆接口已完全连接，充电电缆容量为63A
状态F′	100Ω/0.5W	3.3kΩ/0.5W	断开	车辆接口处于半连接状态

注：电阻RC、R4的精度为±3%。

检测点 1 的作用（供电控制装置侧 CP 信号）：供电控制装置通过测量检测点 1 的电压值（CP 信号）判断充电连接装置是否完全连接，以及判断车辆是否准备就绪（S2 开关闭合，充电继电器和主负继电器闭合等）。

检测点 2 的作用（车辆侧 CP 信号）：通过测量检测点 2 的 PWM 信号占空比确认当前供电设备的最大供电电流。

检测点 3 的作用（车辆侧 CC 信号）：车辆控制装置通过测量检测点 3 与 PE 端子之间的电阻值来判断车辆插头与车辆插座是否完全连接，同时确认当前充电连接装置（电缆）的额定容量。

3. 交流充电控制过程

由于不同的电动车型，检测 CC 与 CP 点信号的车辆控制装置是不同的，有些车型由 VCU 检测，有些由辅助控制模块（ACM）检测，有些则由车载充电机或充电模块检测。也就是说，图 6-1-5、图 6-1-6 中的车载控制装置可以集成在车载充电机或其他控制单元中，具体需要查询维修资料和电路图进行分析确定。

1）车辆控制装置确认车辆接口已完全连接。当车辆处于交流充电模式下（连接交流充电枪到交流充电插座），车辆控制装置（因车型不同，可能是 VCU 或 OBC 或 ACM 等）通过测量检测点 3 与 PE 端子之间的电阻值，即测量交流充电接口的 CC 点与 PE 端子之间的电阻值来判断交流充电插头与车辆插座是否完全连接，根据测得的电阻值来确认当前充电连接装置（电缆）的额定容量。完全连接时，S3 处于闭合状态，CC 已连接，监测点 3 与 PE 端子之间的电阻值为 RC。而未连接时，S3 处于闭合状态，CC 未连接，监测点 3 与 PE 端子之间的电阻值为无穷大；半连接时，S3 处于断开状态，监测点 3 与 PE 端子之间的电阻值为 RC+R4。

完全连接后，如车辆充电插座内配备有电子锁，电子锁应在开始供电（K1 与 K2 闭合）前锁定车辆并在整个充电过程中保持锁止状态，并且使车辆处于不可行驶状态。吉利 EV450 车辆具有充电枪锁止功能，当用户按下智能钥匙闭锁按钮，充电枪防盗功能将开启，BCM 收到智能钥匙的闭锁信号后通过 CAN 总线将该信号传递到车载充电机，车载充电机将控制充电枪锁止电动机工作以锁止充电枪，此时充电枪无法拔出，锁定车辆充电插头并在整个充电过程中保持。

2）确认充电连接装置是否已完全连接。充电枪一端连接交流电网后，内部供电控制装置进行自检，自检无故障后，则开关 S1 从 +12V 连接状态切换至 PWM 连接状态，供电控制装置发出 PWM 信号。供电控制装置通过测量检测点 1 的电压值来判断充电连接装置是否完全连接。车辆控制装置通过测量检测点 2 的 PWM 信号（CP 点电压值），判断充电连接装置是否已完全连接。

3）车辆准备就绪。车辆控制装置（因车型不同，可能是 VCU 或 OBC 或 ACM 等）检测到交流充电插头与插座已完全连接（CC 信号有效），开始自检，自检完成并且没有故障、动力电池处于可充电状态时，电池管理单元（BMS）闭合充电继电器和主负继电器。同时车辆控制装置闭合内部开关 S2，车辆准备就绪。

4）供电设备准备就绪。供电控制装置通过测量检测点 1 的电压值（CP 信号）判断车辆是否准备就绪。当检测点 1 的峰值电压为 6V 时（稳定后测量），表明车载充电机及供电设备处于正常工作状态（CP 信号有效），交流充电枪 / 充电桩中的供电控制装置闭合内部接触器 K1 和 K2 使交流供电回路导通，车辆进入充电状态。交流充电连接过程检测点 1 和检测点 2 控制时序见表 6-1-4。

不同的动力电池容量和充电连接装置容量，动力电池充满电的时间有所不同，吉利 EV450 慢充预估 13～14h 可充满。

表 6-1-4 交流充电连接过程检测点 1 和检测点 2 控制时序

信号测量条件	状态 / 对象	确认连接 / 准备就绪		能量传递	结束停机
检测点 1	充电桩	12V　9V　9V PWM		6V PWM	9V PWM　9V　12V
检测点 2	车辆	0V　9V　9V PWM		6V PWM	9V PWM　9V

5）充电系统的启动。当电动汽车和供电设备建立电气连接后，车辆控制装置通过判断检测点 2 的 PWM 信号占空比确认供电设备的最大可供电能力，并且通过判断检测点 3 与 PE 端子之间的电阻值来确认电缆的额定容量。当车辆控制装置判断充电连接装置已完全连接，并完成车载充电机最大允许输入电流设置后，车载充电机开始对电动汽车进行充电。

充电过程中，车载充电机周期性检测 CC 点和 CP 点信号，确认交流充电插头与插座连接状态，并根据 CP 点占空比实时调整直流电输出功率。

6）车辆控制装置在充电过程中检测充电插头与插座插合处温度（通过充电插座温度传感器），当温度过高时，限制充电电流，情况严重时，停止充电以保证充电过程的安全。

值得说明的是，吉利 EV300 交流充电接口的 CC、PE 以及充电枪锁均由辅助控制模块（ACM）监控，因此交流充电控制过程中，车辆控制装置的监测功能由辅助控制模块代替。2021 款大众 ID.4 CROZZ 慢充口 L1、N、PE 以及 CC、CP 接点均直接连接至高电压蓄电池充电装置（相当于车载充电机），高电压充电盖板锁止装置的伺服元件（即充电枪锁止电机）也是由高电压蓄电池充电装置控制。

三、直流充电（快充）系统

1. 直流充电系统概述

直流充电系统通过直流充电桩，直接传输高压直流电给动力电池组充电，主要由充电线束、动力电池组及直流充电桩组成。对于装备"四合一"或"三合一"的车型，在"四合一"或"三合一"内部通常安装有直流充电正极继电器、直流充电负极继电器，此时，直流充电接口线束直接与"四合一"或"三合一"的直流充电继电器相连，然后经过直流母线连接到动力电池，例如北汽 EU260、比亚迪 e5、比亚迪秦等电动汽车。

充电桩的输入端与交流电网 380V 三相电直接连接，内部直接将高压交流电转化为高压直流电，输出端装有充电插头用于连接快充口。直流充电桩与电动汽车的充电接口功能定义执行国家标准 GB/T 20234.3—2015《电动汽车传导充电用连接装置　第 3 部分：直流充电接口》的规定，直流充电接口的额定值见表 6-1-5。

表 6-1-5　直流充电接口的额定值

额定电压 /V	额定电流 /A
750/1000	80
	125
	200
	250

2. 充电接口及其针脚含义

国标 GB/T 20234.3—2015 直流充电接口采用了 9 针的设计，国内车企都是遵循这个标准进行设计。吉利 EV450 的直流充电口安装在车身左后侧（图 6-1-7），直流充电口的针脚含义见表 6-1-6。

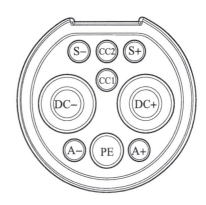

图 6-1-7　直流充电口插座及端子布置图

表 6-1-6　直流充电口插座（快充接口）的针脚含义

触点标识	功　能　定　义
DC+	直流电源正，连接直流电源正与电池正极
DC-	直流电源负，连接直流电源负与电池负极
PE 或 ⏚	保护接地（PE）
S-	充电通信 CAN-L
S+	充电通信 CAN-H
CC1	充电连接确认
CC2	充电连接确认
A+	低压辅助电源正（电压：12V±5%，电流：10A）
A-	低压辅助电源负

充电插头与充电插座连接过程中耦合的顺序为：保护接地，充电连接确认（CC2），直流电源正与直流电源负，低压辅助电源正与低压辅助电源负，充电通信，充电连接确认（CC1）；在脱开的过程中则顺序相反。直流充电接口的连接界面如图 6-1-8 所示，与国标 GB/T 20234.3—2011 相比，新标准 GB/T 20234.3—2015 在连接界面示意图中增加了电子锁止装置，R4 的标准电阻值为（1000±30）Ω。

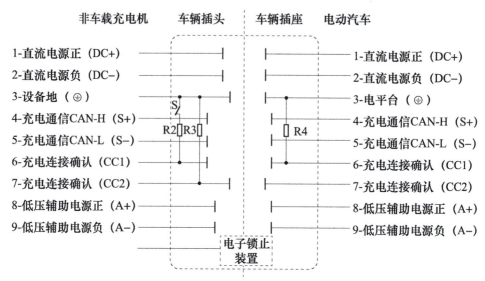

图 6-1-8　直流充电接口插头和插座界面示意图

3. 直流充电控制过程

直流充电控制导引电路原理如图 6-1-9 所示，包括非车载充电机控制器、电阻 R1/R2/R3/R4/R5/ 开关 S、直流供电回路接触器 K1 和 K2、低压辅助供电回路（电压为 12V ± 0.6V，电流为 10A）接触器 K3 和 K4、充电回路接触器 K5 和 K6 以及车辆控制器，其中车辆控制装置可以集成在电池管理系统中。电阻 R4 的标准值为（1000 ± 30）Ω，安装在车辆快充插座上，电阻 R2 和 R3 安装在车辆插头上，开关 S 为快充插头的内部常闭开关。

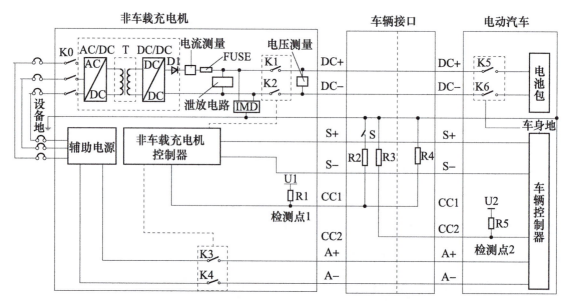

图 6-1-9　直流充电控制导引电路原理图

检测点 1 用于快充桩检测 CC1 信号，检测点 2 用于车辆控制器检测 CC2 信号。根据车型不同，下面所称车辆控制器可以是动力电池管理模块（BMS），也可以是动力电池充电管理控制器或者其他控制单元，具体要查询维修资料和电路图。例如 2021 款大众 ID.4 CROZZ 电动汽车中，CC1、CC2、S+、S−、A+、A− 以及慢充接口的 CC、CP 信号都是直接连接至高电压蓄电池充电装置。

1）车辆控制器确认 CC2 电压，使车辆处于不可行驶状态。当用户连接直流快速充电枪到车辆直流快速充电插座时，车辆控制器通过测量 CC2 点阻值，判断直流充电插头与插座插合后，通过 CAN 总线传递给整车控制器，整车控制器控制车辆处于不可行驶状态。

2）快速充电桩通过 CC1 执行车辆充电接口连接确认。操作人员对直流快速充电桩进行充电设置后，直流快速充电桩内部控制器通过检测 CC1 点电压值（检测点 1）判断直流充电插头与车辆直流充电插座是否已完全连接，当检测点 1（CC1）电压值为 4V 时，则判断车辆接口完全连接。

3）直流快速充电桩自检。直流充电桩检测到直流充电插头与插座已完全连接后，闭合快充桩内部的 K3 和 K4 接触器，使低压辅助供电回路导通；闭合快充桩内部的 K1 和 K2 接触器，进行自检（包括绝缘检测等）。绝缘检测完成后，进入主动放电模式，对充电输出电压进行泄放，完成自检后断开 K1 和 K2。如果车辆控制器需要快充桩提供低压辅助电源，车辆控制装置从 K3 和 K4 接触器闭合后获得 12V 低压辅助电源，通过测量检测点 2（CC2 信号）的电压值，判断车辆接口是否已完全连接。如果检测点 2（CC2）的电压值为 6V，则车辆控制装置通过 S+（充电 CAN−H）、S−（充电 CAN−L）与直流充电桩周期发送通信握手报文。

4）充电准备就绪。车辆控制装置与快速充电桩控制装置在配置阶段时（通信正常且无故障），车辆控制装置闭合直流充电正极接触器 K5 和负极接触器 K6（因车型不同，安装位置有所不同），使充电回路导通。快充桩控制装置检测到车辆端电池电压正常后闭合快充桩内部的 K1 和 K2 接触器，使直流供电回路导通，车辆动力电池开始直流充电。

5）充电阶段。在充电阶段，车辆控制装置（例如动力电池管理模块 BMS）向直流充电桩实时发送电池充电需求参数，直流充电桩根据电池充电需求参数实时调整充电电压和充电电流。在充电过程中，直流充电桩和电池管理系统相互发送各自的充电状态。除此之外，电池管理系统根据要求向充电机发送动力电池具体状态信息及电压、温度等信息。

6）车辆控制装置（例如动力电池管理模块）在充电过程中检测充电插头与插座插合处温度，当温度过高时，限制充电电流，情况严重时，将停止充电以保证充电过程的安全。

直流充电口直接连接到动力电池的直流充电流量传递路线如图 6-1-10 所示。吉利 EV450 快速充电时间：48 分钟可充电 80%。

图 6-1-10　直流充电流量传递路线

四、车载充电机的更换

1. 车载充电机的拆卸

1）打开前机舱盖，断开蓄电池负极电缆，安装蓄电池负极防护帽，戴绝缘手套断开车载充电机的直流母线，高压下电步骤如图 6-1-11 所示。

a）断开蓄电池负极电缆　　　　　　b）断开车载充电机处直流母线

图 6-1-11　高压下电步骤

2）将车辆举升至合适的高度，排放冷却液。

3）拆卸车载充电机。

① 断开车载充电机与加热器的高压线束插接器（图 6-1-12）。

② 断开车载充电机与驱动电机控制器的高压线束插接器（图 6-1-13）。

图 6-1-12　断开车载充电机与加热器的高压线束插接器

图 6-1-13　断开车载充电机与驱动电机控制器的高压线束插接器

③ 断开车载充电机线束与交流充电插座总成的插接器（图 6-1-14）。

④ 断开车载充电机与驱动电机总成的连接水管（图 6-1-15）。

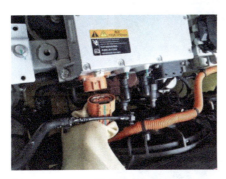

图 6-1-14　断开车载充电机线束与交流充电插座总成的插接器

图 6-1-15　断开车载充电机与驱动电机总成的连接水管

⑤ 断开车载充电机与驱动电机控制器的连接水管（图 6-1-16）。

⑥ 断开车载充电机上的低压插接器（图 6-1-17）。

图 6-1-16　断开车载充电机与驱动电机控制器的连接水管

图 6-1-17　断开车载充电机上的低压插接器

⑦ 拆卸车载充电机 4 个固定螺栓（图 6-1-18），拆卸车载充电机的搭铁线（图 6-1-19）。

图 6-1-18　拆卸车载充电机的固定
螺栓

图 6-1-19　拆卸车载充电机的搭
铁线

⑧ 从车上取出车载充电机，平稳放在工作台上（图 6-1-20）。

图 6-1-20　车载充电机

2. 车载充电机的安装

1）按照拆卸的相反顺序安装车载充电机，注意 4 颗固定螺栓的紧固力矩为 22N·m。

2）安装线束插接器时应注意"一插、二响、三确认"。

3）连接蓄电池负极电缆，添加防冻液至储液罐，并使用诊断仪器对冷却系统执行排空气的程序。

蔚来电动汽车
换电技术

任务二 充电系统的故障检修

✎ 任务目标

知识目标

1）能够描述充电继电器的安装位置和工作原理。

2）掌握充电口各端子电阻、电压的检测方法。

3）掌握慢充和快充的充电条件。

技能目标

1）能够正确读取车载充电系统数据流，并进行判断和分析。

2）能够检测充电口各端子电阻、电压。

3）掌握慢充和快充系统常见的故障检修方法。

素养目标

1）培养学生具备安全防护意识。

2）培养学生刻苦钻研、认真细致的工匠精神。

3）培养学生热爱工作岗位、迎难而上的敬业精神。

直流充电系统
线路检测

✎ 任务导入

一辆纯电动汽车无法使用家用随车充电连接器进行充电，正确连接充电枪后，充电口指示灯不亮，组合仪表上的充电连接指示灯和充电状态指示灯均未点亮。作为维修技师，你能够完成该车的检修任务吗？

知识储备

一、充电继电器概述

按照充电类型区分，充电继电器可分为直流充电正极继电器、直流充电负极继电器、交流充电继电器等几种类型。根据车型不同，充电继电器的安装位置有所不同。对于直流充电线束直接连接至"四合一"的车型，在"四合一"内部通常安装有快充正极继电器、快充负极继电器，代表车型为 2015 ~ 2018 款比亚迪 e5 以及北汽 EU260。

如图 6-2-1 所示，北汽 EU260 前机舱内部的动力电子单元（PEU）安装有 2 个继电器，分别是快充正极继电器和快充负极继电器。

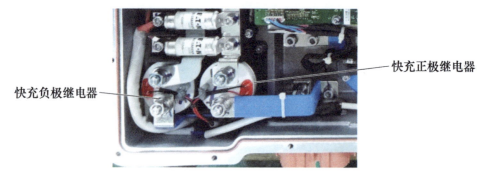

图 6-2-1　北汽 EU260 快充继电器

北汽 EX360 的"四合一"内部同样有 2 个继电器，快充正极继电器和快充负极继电器如图 6-2-2 所示。断开蓄电池负极后，等待 5min，使用数字式万用表测量两个继电器线圈的电阻值，1 个是 638Ω，另 1 个为 645Ω。

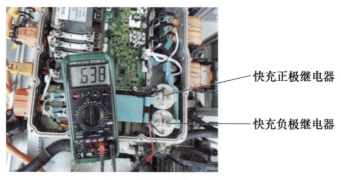

图 6-2-2　北汽 EX360 快充继电器

2015～2018 款比亚迪 e5 高压电控总成（"四合一"）内部的高压配电箱安装有 5 个高压继电器，如图 6-2-3 所示，图中从左至右依次为：主正继电器、交流充电继电器、直流充电正极继电器、直流充电负极继电器、预充继电器。2 个霍尔式电流传感器分别安装在高压电控总成内部直流母线正极、负极铜排连接片上，作用是监测高压动力电池包的正极充、放电电流。

高压继电器实际上是 1 个常开式继电器，与普通继电器不同的是，继电器线圈部分是低压 12V 及搭铁控制线路，触点部分均是高压电，如图 6-2-4 所示。如果继电器线圈的 12V 供电电源或搭铁控制线路断路，继电器触点将无法闭合。根据车型不同，继电器线圈的搭铁控制线路由不同的控制单元控制，大部分由电池管理器（BMU）来执行。

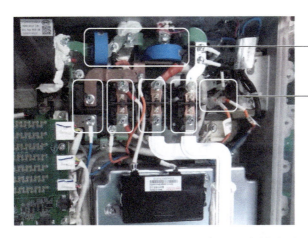

图 6-2-3　比亚迪 e5 高压配电箱内的 5 个继电器

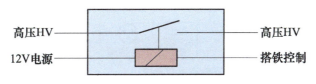

图 6-2-4　继电器内部电路

电动汽车能够顺利完成交流充电或直流充电，仅靠这几个继电器工作还是不够的，动力电池内部的正极继电器、负极继电器，以及部分车型装备的分压继电器也必须参与工作，动力电池才能形成充电回路。但是从原理上分析，车辆只要能够正常上电和行驶，动力电池内部的正极继电器、负极继电器以及分压继电器是能够正常工作的。

二、充电继电器的工作状态

2017 款比亚迪 e5 充电系统的基本原理如图 6-2-5 所示。

充电系统主要组成部分包括交流充电口、直流充电口、高压电控总成、动力电池包、电池管理器。

交流充电主要通过交流充电桩、壁挂式充电盒以及家用供电插座接入交流充电口，通过高压电控总成将交流电转为 650V 直流高压电给动力电池充电。比亚迪 e5 交流充电，7kW 以下通过车载充电机（OBC）转换对动力电池包充电，7kW（含）以上通过 VTOG 对动力电池包充电。VTOG 充电时，能够自动识别单相、三相相序并根据充电电流控制充电方式，根据充电设备识别充电功率，控制充电方式。

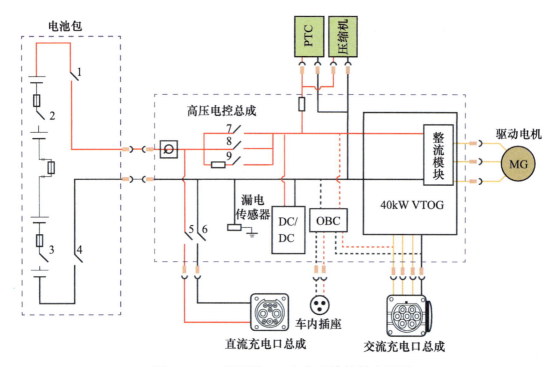

图 6-2-5　比亚迪 e5 充电系统的基本原理

1—正极继电器　2—电池包分压继电器1　3—电池包分压继电器2　4—负极继电器　5—直流充电正极继
电器　6—直流充电负极继电器　7—主继电器　8—交流充电继电器　9—预充继电器

直流充电主要是通过充电站的充电柜将直流高压电直接通过充电口给动力电池充电。在直流充电状态下，预充继电器短时工作，直流充电正极继电器、直流充电负极继电器、交流充电继电器将会保持工作状态。

比亚迪 e5 高压配电箱内 5 个继电器的电路原理如图 6-2-6 所示。

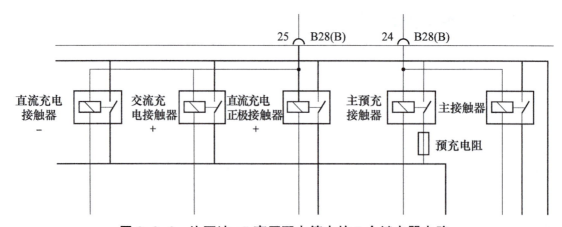

图 6-2-6　比亚迪 e5 高压配电箱内的 5 个继电器电路

根据比亚迪 e5 汽车的不同工作状态，主继电器、预充继电器、交流充电继电器、直流充电正极继电器、直流充电负极继电器的工作状态见表 6-2-1。

表 6-2-1　比亚迪 e5 不同状态下 5 个继电器的工作状态

继电器名称	整车上 OK 电	交流充电状态	直流充电状态
主继电器	工作		
预充继电器	预充时短暂工作	预充时短暂工作	预充时短暂工作
交流充电继电器		工作	工作
直流充电正极继电器			工作
直流充电负极继电器			工作

⚠ **思考**　为什么直流充电时，交流充电继电器仍然工作呢？因为在直流充电状态下，交流充电继电器继续工作可以维持 DC/DC 变换器的电源供应，从而使 DC/DC 变换器能够为 12V 蓄电池充电。

三、交流充电枪与充电口的测量

1. 交流充电枪接口的测量

测量时必须断开家用随车充电枪的供电电源。由于未连接充电枪时，充电枪内部 S3 为常闭触点开关，使用数字式万用表测量家用随车充电插头 CC 与 PE 端子之间的 RC 电阻值（图 6-2-7），如果测得 RC 电阻值为（680±3%）Ω，说明充电电缆的容量为 16A。如果测得 RC 电阻值为（220±3%）Ω，说明充电电缆的容量为 32A；如果测得 RC 电阻值为（100±3%）Ω，说明充电电缆的容量为 63A。如果以上测得的电阻值偏差过大，则更换家用随车充电枪。

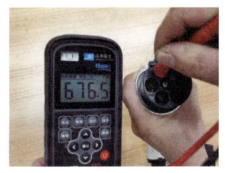

图 6-2-7　测量交流充电枪的 RC 电阻值

2. 交流充电口的测量

如图 6-2-8 所示，使用数字式万用表测量交流充电插座 CC 与 PE 端子之间的电压。不同的车型，交流充电口 CC 与 PE 端子之间的电压值有所不同，吉利 EV300 的数值为 5V 左

图 6-2-8　测量交流充电口 CC 与 PE 端子之间的电压值

右，东南 DX3 电动汽车的数值为 0.9～3V，广汽合创 007 的数值为 0.66V（休眠），唤醒后（例如打开车门）的电压值为 3.26V。大众 ID.4 CC 与 PE 端子之间的电压值为 4.6V。

四、直流充电枪与充电口的测量

将点火开关置于"OFF"状态，断开蓄电池负极，安装蓄电池负极防护帽，等待 5min。使用数字式万用表测量直流充电插座 PE 端子与接地之间的电阻，标准电阻值小于 1Ω。测量充电插座 CC1 与 PE 端子之间的电阻，标准电阻值为（1000±30）Ω。如果电阻值不符合要求，排除故障，必要时更换充电线束。

安装蓄电池负极，连接诊断仪，对全车控制单元进行快速扫描测试，读取故障码，检查是否有导致直流充电故障的故障码。如果有相关故障码，可以查询维修手册和技术资料、电路图等信息，根据故障码的引导程序进行检查。

五、充电系统数据流

1. 吉利 EV450 车载充电机（OBC）数据流

读取 OBC 系统的数据流，重点分析"充电枪连接检测"和"引导电路电压""引导电路占空比"数据流，如图 6-2-9 所示。

编号	名称	值	单位
1	ECU供电电压	14.00	V
2	充电枪连接检测	充电枪未连接	
3	充电功率检测	无交流电源连接	
4	电子锁电动机状态	未上锁	
5	电网输入电流	0.00	A
6	电网输入电压	0.00	V
7	充电机输出电流	0.00	A
8	充电机输出电压	0.00	V
9	引导电路电压	1.00	V
10	引导电路占空比	0	%
11	引导电路周期	1000.00	Hz
12	DC/DC模块状态	未就绪	

图 6-2-9　吉利 EV450 车载充电机的数据流

2. 大众 ID.4 充电系统主要数据流

大众 ID.4 充电系统的数据流比较多，除了重点分析充电"插头识别状态"外，还要关注充电口温度传感器数据流，在实际维修过程中应根据故障现象重点分析相关的数据流。大众 ID.4 充电系统主要数据流见表 6-2-2。

表 6-2-2　大众 ID.4 充电系统主要数据流

编号	名　称	数值
1	端子 30 电压	11.8 V
2	端子 15 状态	激活
3	充电装置标准运行状态	待机
4	高电压蓄电池充电器，故障状态	未激活
5	高电压蓄电池充电器，警告	无警告
6	由于充电装置温度异常，充电功能受限	未激活
7	插头锁止机构请求	未请求
8	信号电子装置温度传感器	23.0℃
9	蓄电池充电插座 A – 充电插座 A 充电盖锁止控制	未请求
10	蓄电池充电插座 A – 高压充电插头锁止件	未锁止
11	蓄电池充电插座 A – 插头识别状态	未识别出
12	蓄电池充电插座 A – AC 温度传感器充电插座	30.0 ℃
13	蓄电池充电插座 A – 温度传感器 1，电阻值	1076Ω
14	冷却液温度有效值	22.0 ℃
15	充电盖板 A 锁止次数 – 锁止数	669
16	充电插座 A 电压，Proximity	4656 mV
17	中国版直流插头状态充电插头	未插入状态
18	高电压充电器当前输出电压	2.6 V
19	交流电源电压，每个相位的实际值 – 阶段 1–AC 电压实际值	0 V
20	交流电源电压，每个相位的实际值 – 阶段 2–AC 电压实际值	0 V
21	交流电源电压，每个相位的实际值 – 阶段 3–AC 电压实际值	0 V
22	DC 温度传感器充电插座 – 直流充电插座（传感器 1）的温度	21.8℃
23	DC 温度传感器充电插座 – 直流充电插座（传感器 2）的温度	21.5℃

六、慢充系统充电条件

根据交流充电控制过程，慢充系统完成正常充电需要满足以下条件：

1）CC 信号有效：充电线连接确认信号正常，PE 端子与接地之间的电阻值小于 1Ω，充电枪内的 RC 电阻值与 S3 开关正常。

2）CP 控制导引信号（PWM 脉宽信号）有效：CP 信号正常、线路应无短路、断路，例如充电插头与插座无接触不良，家用随车充电枪或交流充电桩内部 CP 监测线路应正常，车辆控制装置（OBC、ACM 或 VCU）监测 CP 信号的线路应正常等。

3）车辆能够正常上 OK 或 READY 电（无互锁故障、绝缘故障、继电器故障等）。

4）高压配电箱内部的充电正极继电器、充电负极继电器及其控制线路应正常。

5）车辆充电接口 L、N 接口应接触良好。

6）充电插头与插座插合处的温度正常，温度传感器的数值在正常范围内。

7）监测 CC 和 CP 信号的车辆控制装置正常，因车型和配置不同，车辆控制装置可能是整车控制器（VCU）、辅助控制模块（ACM）、车载充电机（OBC）、动力电池充电控制模块等。

8）唤醒信号及其线路正常：监测 CC 和 CP 信号的车辆控制装置与动力电池管理模块（BMS）之间的唤醒信号传输正常。

9）整车控制器、车载充电机、电池管理模块（BMS）之间的通信正常。

七、慢充系统常见故障检修

慢充系统的常见故障症状主要有车载充电机通信故障、充电连接确认信号（CC 信号）故障、CP 信号（控制导引）故障，监测 CC 与 CP 信号的车辆控制装置通信故障，慢充唤醒信号故障，交流充电继电器及其线路故障等。由于车载充电机有单独配置的，也有集成在"二合一""三合一"或"四合一"的，监测 CC 与 CP 信号的车辆控制装置因车型不同，可能是整车控制器（VCU）、辅助控制模块（ACM）、车载充电机（OBC）、动力电池充电控制模块等。

从新能源汽车售后服务店的调研数据来看，交流充电系统常见的故障原因有车载充电机内部故障、交流充电熔断器烧断、交流充电口接触电阻过大、充电桩内部故障等。

交流充电系统的检修步骤如下：

1）仪器诊断：使用诊断仪器对全车控制单元进行快速扫描测试，确认没有与充电系统相关的故障码，确认车载充电机、整车控制器、电机控制器、电池管理单元等模块能够正常通信，且无相关故障码。

2）基本检查：检查充电枪和充电口的各连接端子有无烧蚀和损坏现象，确保充电枪或充电桩状态良好，符合相关国家标准，该充电枪或充电桩对于其他新能源车辆能够正常充电。

3）检查并确认充电连接确认信号（CC 信号）。连接好充电枪后，观察仪表上的充电连接指示灯状态，仪表充电连接指示灯应该点亮。或者使用诊断仪器，读取充电系统的数据流，"充电枪连接检测"应显示"已连接"。

①如果仪表充电连接指示灯不亮，或者数据流显示"未连接"，说明 CC 信号无效，可能原因为：充电枪 RC 电阻故障、充电枪 S3 开关故障，充电口 PE端子接地电阻值过大，CC 信号线断路、对地短路，监测 CC 信号线的控制单元内部损坏等。

②如图 6-2-10 所示，使用万用表测量充电枪的 CC 与 PE 端子之间的电阻值，注意测量时充电枪的解除锁止按键需保持在弹起状态，16A 充电线电阻值应为（680±3%）Ω，32A 充电线电阻值应为（220±3%）Ω，如不符合标准，则更换充电枪总成。

测量充电枪的CC与PE端子之间的电阻值

图 6-2-10　测量交流充电枪 CC 与 PE 端子之间的电阻值

③检查充电枪解除锁止按钮是否卡滞，是否能够完全复位，如图 6-2-11 所示。

④充电枪状态正常，使用数字式万用表测量车辆的交流充电口 CC 与 PE 端子之间的电压值，不同车型的电压值有较大差异。如果电压值不符合该款车型的标准电压值，则断开蓄电池负极，测量充电口 PE 端子与车身接地之间的电阻值，标准值小于 0.5Ω。

图 6-2-11　检查充电枪解除锁止按钮

检查交流充电线束接插件端子应无烧蚀、虚接故障，测量充电口 CC 端子与监测 CC 信号的车辆控制装置端子之间的电阻值，标准值小于 0.5Ω，如不符合标准，则维修线束，必要时更换充电线束。

测量充电口 L 端子与充电机接插件 L 端子之间的电阻值，标准值小于 0.5Ω。测量充电口 N 端子与充电机接插件 N 端子之间的电阻值，标准值小于 0.5Ω。如不符合标准，则更换充电线束。

测量充电口 CP 端子与监测 CP 控制导引信号的车辆控制装置接插件端子之间的电阻值，标准值小于 0.5Ω。

⚠ **注意** 不同车型，监测 CC 与 CP 信号的车辆控制装置有所不同，例如车载充电机（OBC）、整车控制器（VCU）以及其他充电辅助控制单元等，具体需要查询维修手册和电路图。如果整车控制器（VCU）负责监测 CC 和 CP 信号，则必须检查 VCU 与车载充电机之间的唤醒信号线是否断路、短路，以及检查 VCU 是否发出相应的唤醒信号（测量唤醒信号线是否有电压）。在实际的新能源汽车维修任务中，遇到过多例因为整车控制器不良导致车辆无法交流充电的案例。吉利 EV300 则由辅助控制模块监测 CC 和 CP 信号。

在以上检查均正常的情况下，则更换车载充电机。

4）如果车载充电机正常，无直流输出，则检查动力电子单元（PEU）或车载充电机（OBC）熔断器熔丝是否损坏，如损坏则更换，同时必须检查熔丝损坏的原因。

5）对于装备"四合一"的车型，如果"四合一"内部安装有交流充电继电器，则必须检查交流充电继电器及其相关控制线路是否断路、短路。

八、快充系统充电条件

根据直流充电控制过程，快充系统完成正常充电需要满足以下条件：

1）充电连接确认信号 CC1 和 CC2 信号有效：快充口 PE 端子接地正常，CC1 与 PE 端子之间的 R4 电阻值为（1000±30）Ω，CC2 连接至车辆控制器的线路无短路、断路。

2）充电唤醒信号正常：低压辅助电源正（A+）和低压辅助电源负（A-）连接至车辆控制器的线路正常，无断路、短路。

3）快充桩与车辆通信正常：S+（充电 CAN-H）、S-（充电 CAN-L）连接至车辆控制器的线路正常，无短路、断路。

4）车辆快充正极继电器和快充负极继电器及线路正常。

5）车辆能够正常上 OK 或 READY 电（无互锁故障、绝缘故障、继电器故障等）。

6）快充桩上的快充插头与车辆快充接口 DC+、DC- 应接触良好，DC+、DC- 连接至动力电池的高压线束应正常。

7）快充插座上的温度传感器信号正常，温度无过高，线路无短路、断路。

九、快充系统常见故障检修

1. "快充桩与车辆无法通信" 的故障排除

1）首先确保车辆能够正常上 "READY" 或 "OK" 电和行驶，同时确认充电桩能够对其他车辆进行快速充电。

2）使用诊断仪器对全车控制单元进行快速测试，确认没有与直流充电系统相关的故障码。

3）检测车辆快充接口各连接端子有无损坏，检查快充口连接端子导电圈有无脱落。

4）检查快充接口和快充枪是否全部良好，有无烧蚀和锈蚀现象，若测试充电仍显示通信故障，则对快充口进行测量。

5）断开蓄电池负极，等待 5min。使用数字式万用表测量快充口的 PE 端子与车身负极之间的电阻值，标准值小于 1Ω。如果 PE 端子与车身接地之间的电阻值过大，可能原因是螺钉松动、接触面锈蚀、螺纹处油漆未处理干净。**注意：PE 端子与车身接地之间的电阻值过大，快充桩将无法通过 CC1 端子准确测量 R4 的电阻值，从而判断充电枪与车辆快充插座之间的连接不正常，出现快充桩无法操作问题，无法与车辆通信。**

6）测量快充口 CC1 与 PE 端子之间的电阻值（R4 电阻），标准电阻值为（1000±30）Ω，如果阻值与标准不符，则更换快充线束。

7）测试充电唤醒信号，即低压辅助电源正（A+）和低压辅助电源负（A-）：连接蓄电池负极，将快速充电枪连接至车辆快充插座，启动快速充电，测试充电唤醒信号是否正常，观察仪表是否唤醒。

8）如果仪表未唤醒，则查询快充线路图，使用数字式万用表测量车辆控制器端 A+ 线束端子是否有 12V 快充唤醒电压，如果无电压则断开充电枪，断开蓄电池负极，使用数字式万用表测量快充口 A+、A− 端子与车辆控制器之间的线路是否断路，或对地短路。检查 A+、A− 端子连接至车辆控制器的快充线束接插件端子有无退针、锈蚀、端子接触不良等现象，有问题则进行修复。检查确认快充唤醒信号及相关线束是否都正常。

⚠ **注意**　因车型不同，这里所说的车辆控制器可能是 BMS、VCU 或其他控制单元，具体需要查询该款车型的维修资料和线路图。例如，2021 款大众 ID.4 电动车，由高压蓄电池充电装置监测快充、慢充接口上所有的低压端子信号（A+、A−、S+、S−、CC1、CC2、CC、CP 以及温度传感器信号等）。而北汽 EU260 电动汽车，由整车控制器（VCU）监测快充唤醒和快充连接确认信号。

9）检查 CC2 车辆端连接确认信号：断开蓄电池负极，使用数字式万用表测量快充口 CC2 端子与车辆控制器之间的线路，电阻值应小于 1Ω，如果电阻值过大，检查插头端子有无退针、腐蚀，必要时修复。如果线路正常，继续进行下一步检查。

10）快充 CAN 通信（S+、S−）线路的检测：断开蓄电池负极，使用万用表测量快充口 S+ 与 S− 端子之间的电阻值，标准值为（60±5）Ω，如果电阻值不符合标准，则根据电路图检查相关电路。分别测量快充端子 S+ 与 S− 连接至车辆控制器之间的线路是否断路，或对地短路，相应两端子线路的电阻值应小于 0.5Ω，并检查接插件端子有无锈蚀和虚接现象，如不符合标准，则对线束进行修复，无法修复的更换线束总成。

如测量结果不在（60±5）Ω 范围内，查询电路图，根据快充 CAN 通信总线所涉及的终端电阻和线束走向进行检查。务必认真检查线束接插件是否有进水现象，线束是否有磨损、外侧保护层开裂、内部线束老化开裂断路现象，特别是线路图指明中间还有接插件的情况。断开快充线束与车辆控制器之间的低压接插件，单独测量相应模块的快充 CAN 电阻，电阻值应为（120±5）Ω。

11）测量快充口 A− 与 PE 端子或车身负极之间的电阻值，标准值小于 0.5Ω。如果接地电阻值不符合标准，则检查快速线束接插件是否有退针、虚接现象，必要时用新能源汽车专用端子测试工具进行测试，观察 A− 端子是否有母端连接过松现象。查询电路图，如果 A− 端子线路直接与接地点相连，检查接地点有无螺钉松动、接触面锈蚀、螺纹处油漆未处理干净的现象。

12）如果车辆与快充桩还是不能通信连接，则确认 VCU、BMS 等控制单元的软件版本是否为最新。

2. "快充桩与车辆通信正常，无充电电流"的故障排除

故障现象： 快充桩显示连接正常，动力电池信息显示正常，但是充电电流显示小于 1A，无充电电流。

故障原因： 直流充电正极继电器、直流充电负极继电器不良，继电器的供电或控制线路断路或接触不良。

故障排除： 查询电路图，检查直流充电正极继电器、直流充电负极继电器的供电熔丝是否正常，检查继电器的控制线路与相关控制器的插头连接是否断路。

思考练习

一、单项选择题

1. 慢速充电过程是通过判断（　　）的阻值大小，控制合适的充电电流。
   A. RC　　　　　　B. R2　　　　　　C. R1　　　　　　D. R3

2. 从快充口测量 S+ 与 S− 端子之间的电阻，阻值应为两个 120Ω 电阻的并联值（　　）Ω。
   A. 120　　　　　　B. 60　　　　　　C. 240　　　　　　D. 90

3. 以下是车载充电机作用的是（　　）。
   A. 建立快速充电口连接　　　　　　B. 交流电转化为直流电
   C. 仪表充电指示灯　　　　　　D. 为全车供电

4. 慢充是指使用（　　），借助车载充电机，通过整流和升压，将交流电变换为高压直流电给动力电池充电。
   A. 直流 220V 单相电　　　　　　B. 交流 220V 单相电
   C. 交流 380V 三相电　　　　　　D. 直流 380V 三相电

5. 快充系统一般使用（　　），通过快充桩进行整流、升压和功率变换后，将高压大电流通过高压母线直接给动力电池充电。
   A. 交流 380V 三相电　　　　　　B. 直流 380V 三相电
   C. 直流 220V 单相电　　　　　　D. 交流 220V 单相电

6. 检修 16A 慢充系统时，如果测量充电线车辆端充电枪的 CC 和 PE 端子之间的阻值，其阻值应为（　　）Ω，否则应更换充电线总成。

    A. 380　　　　　　　B. 980　　　　　　　C. 450　　　　　　　D. 680

7. 车辆充电时，为了避免对充电设备造成破坏，下列错误的是（　　）。

    A. 不要用力拉或者扭转充电电缆

    B. 不要使充电设备承受撞击

    C. 可以在充电插座塑料扣盖打开的状态下关闭充电口盖板

    D. 可以使充电设备远离加热器或者其他热源的地方

二、判断题

1. 慢速充电时，动力电池电芯温度应在 5～45℃之间。　　　　　　　（　　）

2. 直流充电口与交流充电口可以同时使用，这样充电会更快一些。（　　）

3. BMS 与数据采集终端快充 CAN-H 与 CAN-L 之间分别串联了一个 120Ω 的电阻，从快充口测量 S+ 与 S- 端子之间的电阻，阻值应为两个 120Ω 电阻的并联。　　　　　　　　　　　　　　　（　　）

4. 当 CC1、CC2 两个检测点检测到的电压值符合要求之后，即认为充电桩与车辆可靠连接。　　　　　　　　　　　　　　　　　（　　）

5. 排除"快充桩与车辆无法通信"故障，首先应检查快充系统各部件低压辅助电源、连接确认信号、快充 CAN 线路等的针脚情况、电压、电阻等是否符合要求。　　　　　　　　　　　　　　　（　　）

技能大赛与 1+X 考证

1. 新能源汽车检测与维修赛项模拟故障设置点

模块	故障现象	所属系统（范围）	故障部位（点）	说明
模块 1	无法交流充电	CC 连接确认信号	CC 线路断路、对地短路，或对地电阻过大、过小	结合车型以及维修资料、电路图进行故障验证
		PE 搭铁不良	PE 与车身接地接触电阻过大	
		CP 控制引导信号	CP 信号线路断路、对地短路，或对地电阻过大、过小	
		车载充电机系统	OBC 通信故障、供电故障	

（续）

模块	故障现象	所属系统（范围）	故障部位（点）	说明
模块2	插头针脚有异物	充电系统	插头针脚有异物	结合车型以及维修资料、电路图进行故障验证
模块3	充电继电器异常	充电系统	充电继电器低压控制线路故障，充电继电器内部故障	
	网络通信异常	充电系统	CAN总线断路、短路	
模块5	充电枪头孔有异物	充电枪	充电枪头孔有异物，无法正常使用	结合车型以及维修资料、电路图进行故障验证
	直流无法充电	DC控制盒	DC控制盒内部继电器故障、CC1信号线路故障，快充CAN总线故障	
	温度监测异常	温度传感器	温度传感器线路故障，电阻过小	
	温度显示异常	直流充电系统	温度传感器损坏、对地短路	
	快充桩顶部风扇异常	顶部风扇线路	风扇线路断路、插头接触不良等故障	
	门禁开关异常	门禁开关	门禁开关线路故障、门禁开关内部故障	
	插枪后无法充电	直流充电枪线束	直流充电枪线束断路	
	显示屏不亮	显示屏	显示屏供电线路故障，插头连接故障等	
	充电枪锁止异常	充电枪线路	充电枪锁止线路断路故障	
	快充桩通风口有异物	负载端通风口	快充桩通风口有异物	

2. "1+X"证书强化训练项目

模块	考核内容	所属系统（范围）	考核要求	说明
2-1（初级）	检测指定高压元件的绝缘电阻及电压	电池系统功能检查与保养	使用绝缘电阻测试仪测量电池直流母线、车载充电机、慢充充电口、快充充电口的绝缘电阻值	结合车型以及维修资料、电路图进行故障验证
2-3（初级）	交流充电桩的检查	起动与充电系统检查保养	交流充电桩元器件外观检查、充电桩工作状态记录、充电状况检查	
2-3（中级）	无法交流充电	起动与充电部件检测维修	车辆充电状态测试，检测车辆充电系统电路，读取充电系统数据流，找出导致车辆无法交流充电的故障原因	

任务一　DC/DC 变换器的检修

📝 任务目标

知识目标

1）了解 DC/DC 变换器的安装位置、构造与工作原理。

2）掌握 DC/DC 变换器的诊断与维修方法。

3）掌握 DC/DC 变换器主要数据流的含义。

技能目标

1）能正确进行 DC/DC 变换器的外观检查与保养。

2）能够读取 DC/DC 变换器的故障码，并进行数据流分析。

3）能够规范完成 DC/DC 变换器线束及插接器的检查与测量。

素养目标

1）能够严格遵守工作标准和要求，树立正确的标准意识。

2）培养学生热爱学习、潜心研究的工匠精神。

3）能够严格执行新能源汽车维修规范，养成严谨科学的工作态度。

📝 任务导入

一辆纯电动汽车组合仪表上的低压蓄电池故障指示灯点亮，在车辆上电以后，你的技术主管通过检测低压蓄电池的充电电压为 12.2V，发现低压蓄电池无法充电。作为维修技师，你接到这辆车以后，如何开展故障诊断和维修？

知识储备

一、DC/DC 变换器的作用与类型

DC/DC 变换器是直流 / 直流变换器的缩写，它是能够将一个直流电压值的

电能变换为另一个直流电压值的电能的装置。按照输出电压的大小可以分为降压型、升压型、双向 DC/DC 变换器。

1. 降压型

降压型为低压输出 DC/DC，即额定输出电压等级不大于 60V 的 DC/DC 变换器。电动汽车低压蓄电池的电压为 12.5V，因此电动汽车用 DC/DC 变换器能够将高压动力电池的公称直流电压降级至 12V（实际为 13.8V），从而为电气零部件供电，并为 12V 蓄电池再充电，这是单向的 DC/DC 变换器。目前，纯电动汽车的 DC/DC 变换器属于这种类型。

2. 升压型

升压型为高压输出 DC/DC，即额定输出电压等级大于 60V 不大于 1500V 的 DC/DC 变换器。例如丰田普锐斯升压变换器能够将动力电池的电压升高，升高后的电压进入逆变器，为驱动电机提供三相交流电。

3. 双向 DC/DC 变换器

对于部分混合动力汽车，DC/DC 变换器是双向直流变压器（例如奔驰 S400 Hybrid 混动版）。当 DC/DC 变换器将高压蓄电池的直流电压转换为 12V 直流电压时（实际上 13.8V 以上），即实现了高电压车载电气系统与 12V 车载电气系统之间的能量交换；反之亦然。通过 12V 外部充电器或跨接其他车辆，可以将 12V 蓄电池的直流电压通过 DC/DC 变换器升压后，向高压蓄电池进行充电，仅用于应急起动发动机，也就是说，仅能够将高压蓄电池电量充到能满足起动车辆为止，要想进一步对其进行充电，必须起动车辆或行驶车辆。

二、典型电动汽车 DC/DC 变换器

DC/DC 变换器一般由控制芯片、电感线圈、二极管、晶体管、电容器等构成。下面介绍几种常见车型的 DC/DC 变换器。

1. 大众 ID.4 DC/DC 变换器

2021 款一汽 – 大众 ID.4 纯电动汽车采用独立的 DC/DC 变换器，如图 7-1-1 所示。拆卸和安装变换器前，需要切断高压系统的电源，断开蓄电池负极，排放冷却液。

图 7-1-1　大众 ID.4 DC/DC 变换器（适用于后驱车辆）

2. 吉利 EV450 DC/DC 变换器

吉利 EV450 的低压充电功能由以下部件实现：12V 铅酸蓄电池、电机控制器（内含 DC/DC 变换器）、分线盒（集成在车载充电机内）、动力电池，吉利 EV450 DC/DC 变换器如图 7-1-2 所示。

a）电机控制器　　　　　　　　b）低压接插件及蓄电池插接器

图 7-1-2　电机控制器（内含 DC/DC 变换器）

（1）低压充电原理　高压上电前，低压电路系统依赖 12V 铅酸蓄电池供电，当高压上电后，电机控制器将动力电池的高压直流电转换成低压直流电为 12V 铅酸蓄电池充电。低压充电能量传递路线图如图 7-1-3 所示。

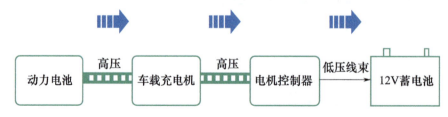

图 7-1-3　吉利 EV450 低压充电能量传递路线图

（2）智能充电原理　长期停放的车辆容易造成低压蓄电池亏电，低压蓄电池严重亏电将会导致车辆无法起动上电。为避免这一问题，吉利 EV450 电动汽车具有智能充电功能。车辆停放过程中整车控制器（VCU）将持续对低压蓄电池电压进行监控，当电压低于设定值时，整车控制器（VCU）将唤醒电池管理单元（BMS），同时整车控制器（VCU）也将控制电机控制器通过DC/DC变换器对低压蓄电池进行充电，防止低压蓄电池亏电。吉利EV450智能充电能量传递路线如图7-1-4所示。

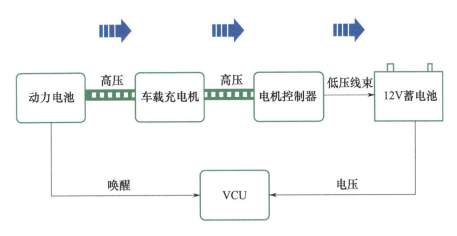

图 7-1-4 吉利 EV450 智能充电能量传递路线图

3. 比亚迪 DC/DC 变换器

2015 ～ 2018 款比亚迪 e5 的 DC/DC 变换器位于高压电控总成（"四合一"）内部，如图 7-1-5 所示。2020 款比亚迪秦 DC/DC 变换器安装在前机舱充配电总成内部（图 7-1-6）。充配电总成实际上是一个"三合一"，即包含车载充电机、DC/DC 变换器、高压电源分配器。

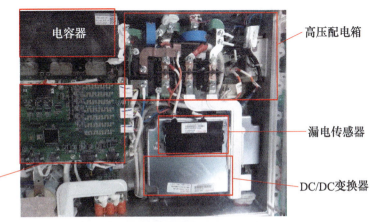

图 7-1-5 比亚迪 e5 高压电控总成内部结构

图 7-1-6　2020 款比亚迪秦充配电总成内部结构

比亚迪 e5 的 DC/DC 变换器内部原理如图 7-1-7 所示。

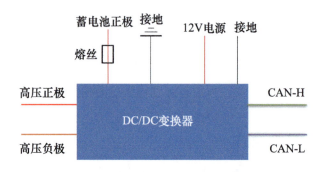

图 7-1-7　DC/DC 变换器内部原理图

三、DC/DC 变换器的诊断与维修

1. DC/DC 变换器的维护与检测

（1）DC/DC 变换器的外观检查　DC/DC 变换器外表面应无明显的破损、变形等缺陷，接线端或引出线应完整无损，紧固件应无松脱，尤其应仔细检查 DC/DC 变换器的 12V 正极接线柱和负极接线柱螺钉是否紧固。

（2）电气安全（绝缘电阻检测）　DC/DC 变换器的绝缘电阻应满足以下要求，或者符合各厂家所规定的产品技术文件要求：各独立带电电路与地（外壳）之间的绝缘电阻值不小于 10MΩ；无电气联系的各电路之间的绝缘电阻值不小于 10MΩ。

在 DC/DC 变换器未工作情况下，用绝缘电阻测试仪对 DC/DC 变换器的绝缘电阻进行测量，施加直流试验电压 500V 并维持稳态 60s 后确定绝缘电阻。

（3）安全接地检查 DC/DC 变换器中能触及的可导电部分与外壳接地点处的电阻值应不大于 0.1Ω，接地点应有明显的接地标识。若无特定的接地点，应在有代表性的位置设置接地标识。

2. 数据流分析

以 2020 款比亚迪秦为例，使用诊断仪器进入 DC/DC 变换器控制单元，读取数据流如图 7-1-8 所示。当车辆高压上电后（READY 或 OK 灯点亮），读取低压侧电压值应在 13.8~14.8V 之间，表明 DC/DC 变换器工作正常。

编号	名称	值	最小值	最大值	单位
1	MOS管温度	32	−40	200	℃
2	低压侧电流	0	−250	250	A
3	低压侧电压	13.9	0	20	V
4	高压侧电流	0	−50	50	A
5	高压侧电压	426	0	1000	V
6	DC工作模式	降压状态			
7	DC系统故障状态	保留			
8	放电是否允许	允许			

图 7-1-8 DC/DC 数据流

数据流"MOS 管温度"中的 MOS 是 MOSFET 的缩写，指金属－氧化物半导体场效应晶体管。场效应晶体管分为 PMOS 管（P 沟道型）和 NMOS（N 沟道型）管，属于绝缘栅场效应晶体管。

3. 诊断方法

1）仪器诊断法：利用诊断仪器和测量设备，对 DC/DC 变换器输入和输出的相关数据进行检测，在确定输入信号正常、输出电压不正常时，即可判定 DC/DC 变换器损坏。因此，这种判断方法只需要维修技术人员正确测量 DC/DC 变换器输入与输出信号的数值。

2）替换法：在有条件的情况下，找一个确定无故障的旧件（或替换件），代替原车的 DC/DC 变换器，如果车辆上电后，低压蓄电池的充电电压能够达到 13.8~14.8V，而且无相关故障码，原车的故障现象消失了，说明原车 DC/DC 变换器是坏的。

充电系统检修案例

思考练习

一、单项选择题

1. 在车辆"READY"时测量新能源汽车低压蓄电池的电压，这时所测的电压值为（　　）的电压。

   A. 车载充电机输出 　　　　　　　　 B. DC/DC 输出

   C. 高压熔丝盒输出 　　　　　　　　 D. 电机控制器输出

2. （　　）的作用是将动力电池的高压直流电转换为整车低压 12V 直流电，给整车低压用电系统供电及铅酸蓄电池充电。

   A. 车载充电机 　　　　　　　　 B. 电机控制器

   C. 高压控制盒 　　　　　　　　 D. DC/DC 变换器

3. DC/DC 变换器，相当于传统车的（　　），将动力电池的高压电转换为低压电给蓄电池及低压系统供电。

   A. 发电机 　　　 B. 起动机 　　　 C. 发动机 　　　 D. 电动机

4. 电动汽车 DC/DC 变换器输出的工作电压是（　　）。

   A. 9V 　　　　 B. 12V 　　　　 C. 14V 　　　　 D. 300V 以上

5. 下列属于辅助电源中辅助的 DC/DC 变换器的功能是（　　）。

   A. 对辅助电源充电直到充满为止 　　 B. 让辅助电源放电至放完为止

   C. 为小功率子系统提供动能 　　　　 D. 为小功率子系统提供监控

6. 以下对电动汽车 DC/DC 变换器的功能描述正确的是（　　）。

   A. DC/DC 变换器的功能替代了传统燃油车挂接在发动机上的 12V 发电机，和蓄电池并联给各用电器提供低压电源

   B. 将电池包的直流电转换为交流电并驱动电机工作

   C. 监测电池包状态

   D. 将电动机回馈的交流电转换为直流电

二、判断题

1. DC/DC 变换器的主要功能是将交流电转换成低压交流电。　　　　（　　）

2. DC/DC 变换器各独立带电电路与地（外壳）之间的绝缘电阻值不小于 10MΩ；无电气联系的各电路之间的绝缘电阻值不小于 10MΩ。（　　）

3. 2020 款比亚迪秦 DC/DC 变换器安装在前机舱充配电总成内部。（　　）

4. 比亚迪 e5 的 DC/DC 变换器位于高压电控总成（"四合一"）内部。

   　　　　　　　　　　　　　　　　　　　　　　　　　　　　（　　）

任务二 电动空调压缩机的检修

📝 任务目标

知识目标

1）了解电动空调压缩机的构造与工作原理。

2）掌握电动空调压缩机的绝缘电阻检测方法。

3）掌握电动空调压缩机系统数据流的含义。

空调压缩机的
维护与拆装

技能目标

1）能正确进行电动空调压缩机的拆装。

2）能正确进行电动空调压缩机的绝缘电阻测试。

3）能正确进行电动空调压缩机高压和低压线束及接插件的检查。

素养目标

1）培养学生具有诚实、守信、善于沟通与协作的品质。

2）培养学生规范操作、认真负责的学习态度。

3）能够严格执行新能源汽车维修规范，养成严谨科学的工作态度。

📝 任务导入

一辆纯电动汽车空调不制冷，维修技师通过制冷剂压力表检查空调系统的高压、低压管路压力，确认电动空调压缩机不工作。请问你能否规范地完成电动空调压缩机的检测？

知识储备

一、电动空调压缩机的构造与工作原理

混合动力电动汽车和纯电动汽车空调驱动方式与传统汽车空调有较大的差异，采用空调压缩机内部的电动机驱动，而不是发动机传动带驱动。电动空调压缩机一般固定在驱动电机旁边的底盘支架上，目的是为了近距离从高压配电箱中获得高压电源，减少高压线束的长度。一般在电动空调压缩机上集成有压缩机控制器（内部包含逆变器），能够将高电压车载电气系统的300~600V直流

电压（不同车型的额定电压有所不同，早期奔驰 S400 混合动力的高压电池电压为 126V）转换为三相交流电压，提供给压缩机内部的三相电动机。电动压缩机上布置有高压插头和低压插头，压缩机本体上安装有制冷剂循环的高压、低压管路。

1. 电动空调压缩机的内部结构

如图 7-2-1 所示，电动空调压缩机包括三个主要部件：①压缩机控制器（包含逆变器）：可将高压直流电转换为交流电，驱动三相电动机运转。同时压缩机控制器通过 CAN 总线或 LIN 总线与其他控制单元通信，接收压缩机运转的指令。②三相电动机，用于驱动涡旋式压缩机。③压缩机，目前广泛使用涡旋式压缩机（图 7-2-2），该压缩机包括两个嵌套式涡壳，其中一个是固定的，又称为定涡盘，另一个是动涡盘，可以在定涡盘内部做圆周运动。这两个相互啮合的涡盘，其线形是相同的，它们相互错开 180° 安装在一起，即相位角相差 180°。

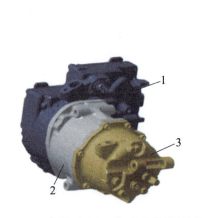

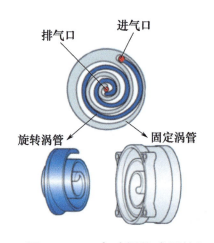

图 7-2-1　奔驰 S400 电动空调压缩机　　图 7-2-2　电动涡旋式压缩机内部构造

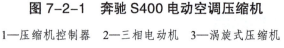

1—压缩机控制器　2—三相电动机　3—涡旋式压缩机

2. 电动空调压缩机的工作原理

如图 7-2-3 所示，压缩机内部工作分为吸气、压缩、排气等过程。在涡旋式压缩机运转过程中，涡壳反复地相互接触，在卷绕中形成数个逐渐变小的腔室。这样，制冷剂得到压缩并进入这些腔室中，直至达到中心处排出。

| 吸气 | 吸气终止 | 压缩 | 再压缩 |

| ...再压缩... | 压缩终了 | 排气 | 排气 |

图 7-2-3 电动涡旋式压缩机的工作原理

3. 电动空调压缩机的功能与特性

1）一体化设计：目前大多数电动空调压缩机将内部三相交流电动机、涡旋式压缩机、压缩机控制器一体式设计，控制器贴合压缩机冷端表面冷却。部分车型将压缩机控制器置于压缩机本体的上方，可以单独更换。

2）欠电压保护：以北汽 EU260 为例，电池额定电压为 328.5V，当动力电源电压过低（低于（260±5）V）时，电动空调压缩机的内部控制器将自动切断电路以保护动力电池与压缩机。在不重新起动压缩机的情况下，若电源电压回升至（275±5）V，则压缩机自动重新起动。

3）过电流保护：当电路中电流过高时，电动空调压缩机的内部控制器将自动切断电路，以避免电流过大对压缩机及驱动器造成损坏。

4）可通过 CAN 或 LIN 总线进行调速：吉利 EV450 电动涡旋式压缩机的转速范围为 800～9000r/min，大众 ID.4 涡旋式压缩机的转速范围为 600～8600r/min。

5）电动空调压缩机的控制器需要 12V 直流电源才能正常工作。

电动压缩机
检测

二、电动空调压缩机的电气部件

1. 电动空调压缩机的高压、低压接插件

电动空调压缩机总成上有 2 个接插件，一个是低压接插件（图 7-2-4），另一个是橙色的高压接插件（图 7-2-5）。低压接插件除了 12V 供电电源、搭铁、高压互锁输入（HVIL IN）、高压互锁输出（HVIL OUT）线路，还有 LIN 或 CAN 通信总线。例如吉利 EV450 压缩机低压接插件采用 LIN 总线与空调控制

图 7-2-4　电动空调压缩机的低压插接器（北汽 EU260）

1—CAN-L　2—CAN-H　3—空　4—空　5—高压互锁　6—高压互锁　7—12V 电源　8—搭铁

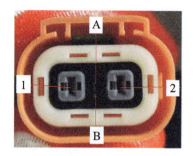

图 7-2-5　电动空调压缩机的高压插接器（北汽 EU260）

1—高压＋　2—高压－　A、B—互锁端子

面板通信，吉利 EV300 和北汽 EU260 压缩机低压接插件通过 CAN 总线与空调控制单元进行通信，宝马 i3 通过空调 LIN 总线与主域控制单元进行通信。图 7-2-6 所示的是吉利 EV450 电动空调压缩机的高压、低压接插件。

图 7-2-6　吉利 EV450 电动空调压缩机

2. 电动空调压缩机的高压熔断器

为了防止电动空调压缩机因高压电路短路导致动力电池故障，通常在电动空调压缩机的高压电路上安装了空调压缩机熔断器（图 7-2-7）。如果因事故碰撞导致压缩机内部短路，或压缩机高压线束短路，电动空调压缩机熔断器将会迅速熔断，从而保护动力电池的高压电路。

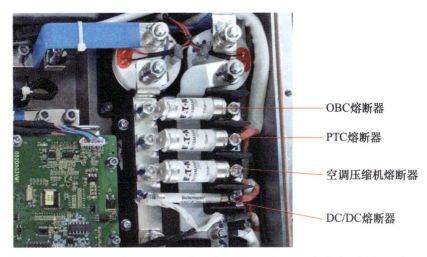

图 7-2-7 北汽 EU260 动力电子单元（PEU）内部的熔断器

2020 款比亚迪秦的电动空调压缩机熔断器安装在前机舱充电配总成内部（图 7-2-8a），宝马 i3 的电动空调压缩机熔断器安装在后机舱电机电子伺控系统（EME）内部（图 7-2-8b）。

a）比亚迪秦空调压缩机熔断器

b）宝马 i3 EME 内部的空调压缩机熔断器

图 7-2-8 电动空调压缩机熔断器

3. 压缩机控制器

压缩机控制器内部包含逆变器，可将高压直流电压转换为交流电压，并将其提供给三相涡旋式压缩机，同时压缩机控制器通过 CAN 或 LIN 总线与空调控制单元保持通信。电动压缩机的开启条件除了传统燃油车空调压缩机的开启条件以外，还需要考虑到整车动力电池电量情况，因此 BMS 根据整车动力电池电量情况判断，并由整车控制器或集成式车身控制器判断是否需要开启电动压缩机。压缩机控制器的低压电气连接主要包括 12V 电源、搭铁以及 CAN（或 LIN）总线。2021 款比亚迪汉的压缩机控制器安装位置如图 7-2-9 所示。

压缩机控制器

涡旋式压缩机

图 7-2-9　压缩机控制器（2021 款比亚迪汉）

三、电动空调压缩机系统数据流

以 2020 款比亚迪秦为例，使用诊断仪器进入车辆诊断系统，选择"比亚迪秦"，对全车控制单元进行快速测试后，选择"舒适网电动压缩机"，点击"读取数据流"，将空调开启前与开启后的数据流进行对比，见表 7-2-1。

表 7-2-1　电动压缩机数据流

编号	名　称	数值（开启空调前）	数值（开启空调后）
1	相电压状态	正常	正常
2	内部低压电状态	正常	正常
3	母线电压状态	正常	正常
4	压缩机负载状态	正常	正常
5	转速状态	正常	正常
6	内部温度状态	正常	正常
7	起动状态	正常	正常
8	内部电流状态	正常	正常
9	内部温度传感器状态	正常	正常
10	IPM/IGBT 状态	正常	正常
11	三相电流状态	正常	正常
12	电流采样电路状态	正常	正常
13	相电流	0A	1A
14	本次上电压缩机故障重新起动次数	0	0
15	IPM/IGBT 温度	36℃	37℃
16	压缩机当前功率	0W	496W
17	高压侧电流	0A	1A
18	高压侧电压	424V	421V

（续）

编号	名　称	数值（开启空调前）	数值（开启空调后）
19	压缩机实际转速	0r/min	1861r/min
20	压缩机目标转速	0r/min	1878r/min
21	压缩机实际状态	停止	运行
22	压缩机控制状态	停止	运行

四、电动空调压缩机的检修

电动空调压缩机的常见故障表现为压缩机不工作、异响以及绝缘阻值故障。从新能源汽车售后服务店的调研结果分析，压缩机的绝缘阻值故障较为普遍。电动压缩机常见故障处理措施见表7-2-2。

电动空调压缩机的检修流程

表 7-2-2　电动压缩机常见故障处理措施

故障类型	故障现象	故障原因及处理措施
绝缘故障	有故障码，严重时无法上电	压缩机控制器绝缘阻值过低：使用绝缘电阻测试仪检测高压系统的绝缘电阻值，如果压缩机的绝缘电阻值过低，则更换压缩机总成
异响故障	开启 A/C 后，压缩机发出异响	①电机缺相：如果控制器与压缩机分开安装，检查驱动控制器与电机连接的三相插头相关导线，保证其接触良好及导通 ②冷凝器风扇未正常工作，系统压力过高，电机负载过大 ③压缩机内部故障：更换压缩机
压缩机不工作	压缩机工作条件已满足，高压、低压压力无变化	①驱动控制器无 12V 供电电源，电源电压不足或超压：检查驱动控制器控制电源插头端子是否松脱，测量控制器电源电压及搭铁是否达到要求 ②接插件端子接触不良或松脱：检查控制电源到驱动控制器之间的导线是否有断路 ③LIN 或 CAN 线路故障：检查 LIN 或 CAN 总线电压、波形，检查线路是否短路、断路 ④高压熔丝熔断：检查高压分配器内部的压缩机熔断器是否断路 ⑤高压线束故障：检查压缩机高压输入接插件端子是否有松脱，线束是否断路 ⑥压缩机内部控制器损坏：更换压缩机
	压缩机工作条件未满足，压缩机不工作	①制冷剂压力过高或过低：检查制冷剂压力，必要时添加或排放制冷剂 ②制冷剂压力传感器故障：检查传感器线路，必要时更换制冷剂压力传感器 ③空调控制开关故障或未开启：检查空调开关数据及线路 ④蒸发器温度过低或传感器故障：检查蒸发器温度传感器的数据及线路，必要时更换蒸发器传感器 ⑤外界温度过低或传感器损坏：读取外界温度数据流，检查传感器线路 ⑥总线故障：检查 LIN 或 CAN 总线的电压、波形

任务三 PTC 加热器的检修

任务目标

知识目标

1）了解 PTC 加热器的构造与工作原理。

2）掌握 PTC 加热器的诊断与维修方法。

技能目标

1）能规范进行 PTC 加热器绝缘电阻的检测。

2）能够规范完成 PTC 加热器低压接插件的检查与测量。

素养目标

1）培养学生理论联系实际、发现问题和解决问题的能力。

2）严格执行车间 7S 现场管理，能够与他人团结协作。

3）能够严格执行新能源汽车维修规范，养成严谨科学的工作态度。

任务导入

一位客户反映他的电动汽车在开暖气时，空调出风口仍然吹出冷风，没有热风输出。作为维修技师，你能够排除该车的故障吗？

知识储备

一、PTC 加热器的结构与工作原理

为了提高用户的舒适度，尤其在寒冷天气，车辆上安装了给车内提高温度的正热敏电阻加热器，即 PTC 加热器。PTC 是 Positive Temperature Coefficient 的缩写，是正温度系数，电阻值随着热敏电阻本体温度的变化呈现出阶跃性的变化。

1. 比亚迪秦 PTC 加热器

2020 款比亚迪秦的 PTC 加热器安装在前机舱内、充配电总成附近，如图 7-3-1 所示。

比亚迪 PTC 加热系统（制热系统）主要包括以下部件：暖风系统储液罐、电动冷却液泵、PTC 加热器、暖风芯体。**注意：暖风系统储液罐是一个独立的储液罐，它与电机 / 电池冷却液储液罐分开。**PTC 加热系统的工作原理如图 7-3-2 所示。

图 7-3-1 比亚迪秦 PTC 加热器

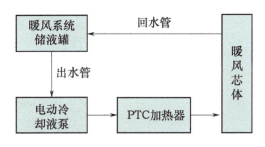

图 7-3-2 PTC 加热系统工作原理

PTC 加热器由电阻膜和散热元件组成，在一定范围内，加热的功率随电流变化而变化，电阻膜的电阻受温度变化的影响较小，因此电加热器可输出稳定的功率，从而为制热系统提供稳定的热源。

当自动空调系统处于加热模式时，加热器在高压电的作用下对冷却液进行加热，高温冷却液被加热器冷却液泵抽入加热器芯。同时，冷暖温度控制电机旋转至采暖位置，气流在鼓风机的作用下流过加热器芯，产生热量传递。外部空气在进入乘客舱前，与加热后的空气混合，吹出舒适的暖风。

2. 宝马 i3 PTC 加热器

如图 7-3-3 所示，宝马 i3 电控辅助加热器有 3 个并联的加热螺旋体，加热器连接在高压电路上。空调控制单元通过 LIN 总线控制电控辅助加热器的工作。

宝马 i3 电控辅助加热器是一个单独的部件，工作原理与电动直通式加热器一样。电控辅助加热器借助加热螺旋体按需加热循环回路中的冷却液。此时，以间歇方式控制加热螺旋体。通过局

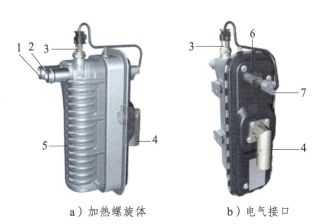

a）加热螺旋体   b）电气接口

图 7-3-3 宝马 i3 PTC 加热器

1—冷却液入口（来自附加冷却液泵） 2—冷却液出口（至车厢内部的暖风热交换器） 3—冷却液温度传感器（在暖风热交换器的冷却液出口上） 4—高压车载网络上的接口 5—加热螺旋体（3 个并联的加热螺旋体） 6—12V 车载网络上的接口 7—冷却液温度传感器接口

域互联网 LIN 总线，电控辅助加热器将出口的冷却液温度以及电流消耗输出至冷暖空调的控制单元。在冷暖空调控制单元中，根据不同的信号（例如脚部空间温度传感器的温度信号）生成一个针对电控辅助加热器的百分比功率请求，并将其传输到局域互联网总线（图 7-3-4）。

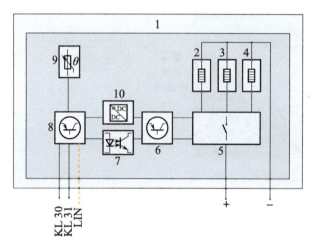

图 7-3-4　电控辅助加热器 PTC 内部原理图

1—电控辅助加热器　2—加热螺旋体　3—加热螺旋体 2　4—加热螺旋体 3　5—电源开关
6—电子控制装置　7—光耦合器　8—电子控制装置　9—冷却液温度传感器　10—DC/DC 变换器

3. PTC 控制器

　　PTC 控制器的安装位置分为两种情形，一种是安装在 PTC 加热器总成内部，例如宝马 i3、吉利 EV450；另一种是安装在 PTC 加热器外部，集成在"三合一"或"四合一"内部，例如北汽 EU260 和东南 DX3。吉利 EV450 和宝马 i3 的 PTC 均采用 LIN 总线进行通信，并且 PTC 与电动涡旋式压缩机的 LIN 总线并联。查看线路图时，如果 PTC 采用 LIN 或 CAN 总线进行通信，说明 PTC 控制器安装在 PTC 总成内部。PTC 控制器的原理如图 7-3-5 所示。

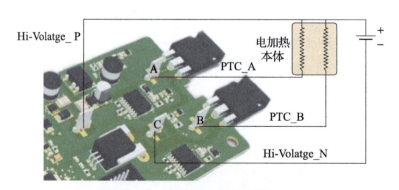

图 7-3-5　PTC 控制器原理图

4. PTC 冷却液泵

如图 7-3-6 所示，吉利 EV450 PTC 加热电动冷却液泵位于前机舱右后下方，用于暖风系统的冷却液循环。

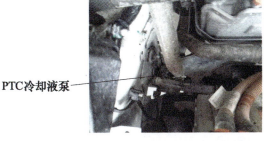

PTC冷却液泵

图 7-3-6 吉利 EV450 PTC 冷却液泵

二、PTC 加热器的检修

1. PTC 常见故障处理措施

PTC 加热器的常见故障表现为无暖风、PTC 过热以及 PTC 绝缘故障，常见故障处理措施见表 7-3-1。

表 7-3-1 PTC 常见故障处理措施

故障	现象	原因及判断	检测及排除措施
PTC 不工作	暖风设置后，出风口仍出冷风	1.冷暖模式设置不正确 2.PTC 本体断路 3.PTC 控制回路断路 4.内部短路烧毁高压熔断器 5.PTC 控制器故障损坏	1.检查冷暖设置是否选择较暖方向 2.检查 PTC 本体阻值 3.完成高压断电措施后，检查 PTC 高压熔丝 4.更换 PTC 或 PTC 控制器
PTC 过热	出风口温度异常升高或空调出风口有塑料焦煳气味	PTC 控制模块内部 IGBT 损坏（短路、不能断开）	断电后，更换相关部件
PTC 绝缘故障	有故障码，严重时可能无法上电	PTC 内部绝缘阻值过低	使用绝缘电阻测试仪检测 PTC 内部及线束的绝缘电阻值，如果绝缘阻值过低，更换 PTC

2. PTC 绝缘电阻的检测

当出现绝缘阻值过低的故障码时，需要使用绝缘电阻测试仪对高压系统进行绝缘电阻的检测。以 2020 款比亚迪秦为例，拔下充配电总成上的 PTC 加热器高压线束插接器，检查插头是否腐蚀、有水迹。如图 7-3-7 所示，将绝缘电阻测试仪选择电压 1000V 档，分别用绝缘电阻测试仪测量 PTC 加热器高压线束 1 号端子与车身接地之间的绝缘电阻值，2 号端子与车身接地之间的绝缘电阻值，标准值应不小于 20MΩ。

a）测量 PTC 加热器 1 号端子的绝缘电阻 b）测量 PTC 加热器 2 号端子的绝缘电阻

图 7-3-7　测量 PTC 加热器的绝缘电阻

思考练习

一、选择题

1. PTC 的英文含义是（　　　）。

  A. 正温度系数　　　B. 负温度系数　　　　C. 空调压缩机　　　　D. 动力电池

2. PTC 的高压熔断器一般安装在（　　　）。

  A. PTC 内部　　　　　　　　　　　B. 高压配电箱内部

  C. 动力电池内部　　　　　　　　　D. 电机控制器内部

3. PTC 低压接插件有 LIN 或 CAN 总线，说明 PTC 控制器安装在（　　　）。

  A. PTC 总成内部　　　　　　　　　B. 动力电子单元（PEU）内部

  C. 动力电池内部　　　　　　　　　D. 空调压缩机内部

4. 下列哪一个部件不属于 PTC 制热系统？（　　　）

  A. 暖风系统储液罐　　　　　　　　B. PTC 电动冷却液泵

  C. 空调压缩机　　　　　　　　　　D. PTC 加热器

5. 测量 PTC 加热器的绝缘电阻值，测量值要求（　　　）。

  A. ≥ 20kΩ　　　　　B. ≥ 2MΩ　　　　　C. ≥ 20MΩ　　　　　D. ≥ 200MΩ

二、判断题

1. 纯电动汽车的制热系统一般采用 PTC 加热器对冷却液进行加热。（　　）

2. 查看线路图时，发现 PTC 采用 LIN 总线进行通信，说明 PTC 控制器安装在 PTC 总成内部。 （　　）

3. 使用绝缘电阻测试仪测量 PTC 加热器内部高压端子的绝缘电阻时，应对高压系统采取断电措施。 （　　）

4. 高压配电系统里没有安装 PTC 加热器熔断器。 （　　）

5. PTC 加热器由电阻膜和散热元件组成，在一定范围内，加热的功率随电流变化而变化，电阻膜的电阻受温度变化的影响较小，因此电加热器可输出稳定的功率，从而为制热系统提供稳定的热源。 （　　）

附　录

附录 A　职业技能大赛与"1+X"证书考核模块

一、职业技能大赛新能源汽车检测与维修赛项

模块 1：新能源汽车故障诊断与排除

模块 2：新能源汽车维护与高压组件更换

模块 3：动力电池总成装调与检修

模块 4：电驱动总成装调与检修

模块 5：充电设备装调与检修设置故障点

二、1+X 证书

2-1 智能新能源汽车 – 新能源汽车动力驱动电机电池技术（初级）

考核项目一：动力系统功能检查与保养

考核项目二：驱动系统功能检查与保养

考核项目三：电机系统功能检查与保养

考核项目四：电池系统功能检查与保养

2-1 智能新能源汽车 – 新能源汽车动力驱动电机电池技术（中级）

考核项目一：动力系统功能检测与维修

考核项目二：驱动系统功能检测与维修

考核项目三：电机系统功能检测与维修

考核项目四：电池系统功能检测与维修

2-3 智能新能源汽车 – 新能源汽车电子电气空调舒适技术（初级）

考核项目一：线路读图与电子元件检查

考核项目二：起动与充电系统检查保养

考核项目三：灯光与电器系统检查保养

考核项目四：空调与舒适系统检查保养

2-3 智能新能源汽车 – 新能源汽车电子电气空调舒适技术（中级）

考核项目一：电子控制电路检测与维修

考核项目二：起动与充电部件检测维修

考核项目三：电器与控制部件检测维修

考核项目四：空调与舒适部件检测维修

附录 B 电动汽车术语中英文对照表

英文缩写	英文全称	中文名称
BMC	Battery Management Controller	电池管理器
BMS	Battery Management System	电池管理系统
BMU	Battery Management Unit	电池管理单元
CC	Connection Confirm	充电连接确认
CP	Control Pilot Function	充电控制导引功能
CGW	Central Gateway	中央网关控制器
DC/DC	DC/DC convertor（converter）	直流 / 直流变换器
EPS	Electric Power Steering	电动助力转向机
HVIC	High Voltage Integrated Circuit	高压集成件
IGBT	Insulated Gate Bipolar Transistor	绝缘栅双极型晶体管
IPM	Intelligent Power Module	智能功率模块
MCU	Motor Control Unit	电机控制器
OBC	On Board Charger	车载充电机
PDU	Power Distribute Unit	电力分配单元
PEU	Power Electronics Unit	动力电子单元
PEU_F	Power Electronics Unit_Front	前动力电子单元（逆变器）
PEU_R	Power Electronics Unit_Rear	后动力电子单元（逆变器）
PTC	Positive Temperature Coefficient	正温度系数电阻加热器
RMS	Remote Monitoring System	远程终端（数据采集终端）
SOC	State of Charge	荷电状态（剩余电量）
SOH	Section of Health	健康状态
VCU	Vehicle Control Unit	整车控制器
VBU	VCU+BMS Unit	动力域集成控制器
MSD	Manual Service Disconnect	手动维修开关
HEV	Hybrid Electric Vehicle	混合动力电动汽车
SHEV	Series Hybrid Electric Vehicle	串联式混合动力电动汽车
PHEV	Parallel Hybrid Electric Vehicle	并联式混合动力电动汽车
CHEV	Combined Hybrid Electric Vehicle	混联式混合动力电动汽车
FCEV	Fuel Cell Electric Vehicle	燃料电池电动汽车

参 考 文 献

［1］北京中车行高新技术有限公司职业教育培训评价组织.汽车运用与维修（含智能新能源汽车)1+X证书制度职业技能等级标准［M］.北京：高等教育出版社，2019.

［2］王强，李楷.新能源汽车维护与故障诊断［M］.北京：机械工业出版社，2020.

［3］周毅.纯电动汽车电机及传动系统拆装与检测［M］.北京：机械工业出版社，2019.

［4］徐艳民.电动汽车动力电池及电源管理［M］.北京：机械工业出版社，2016.

机械工业出版社 CHINA MACHINE PRESS | 汽车分社

读者服务

机械工业出版社立足工程科技主业,坚持传播工业技术、工匠技能和工业文化,是集专业出版、教育出版和大众出版于一体的大型综合性科技出版机构。旗下汽车分社面向汽车全产业链提供知识服务,出版服务覆盖包括工程技术人员、研究人员、管理人员等在内的汽车产业从业者,高等院校、职业院校汽车专业师生和广大汽车爱好者、消费者。

一、意见反馈

感谢您购买机械工业出版社出版的图书。我们一直致力于"以专业铸就品质,让阅读更有价值",这离不开您的支持!如果您对本书有任何建议或意见,请您反馈给我。我社长期接收汽车技术、交通技术、汽车维修、汽车科普、汽车管理及汽车类、交通类教材方面的稿件,欢迎来电来函咨询。

咨询电话:010-88379353 编辑信箱:cmpzhq@163.com

二、课件下载

选用本书作为教材,免费赠送电子课件等教学资源供授课教师使用,请添加客服人员微信手机号"13683016884"咨询详情;亦可在机械工业出版社教育服务网(www.cmpedu.com)注册后免费下载。

三、教师服务

机工汽车教师群为您提供教学样书申领、最新教材信息、教材特色介绍、专业教材推荐、出版合作咨询等服务,还可免费收看大咖直播课,参加有奖赠书活动,更有机会获得签名版图书、购书优惠券。

加入方式:搜索 QQ 群号码 317137009,加入机工汽车教师群 2 群。请您加入时备注院校 + 专业 + 姓名。

四、购书渠道

机工汽车小编
13683016884

我社出版的图书在京东、当当、淘宝、天猫及全国各大新华书店均有销售。

团购热线:010-88379735

零售热线:010-68326294 88379203

推荐阅读

书号	书名	作者	定价（元）
9787111702696	智能网联汽车技术原理与应用（彩色版）	程增木　杨胜兵	65
9787111710318	新能源汽车检测与故障诊断技术（彩色版配实训工单）	吴海东　等	69
9787111707585	新能源汽车电动空调　转向和制动系统检修（彩色版配实训工单）	王景智　等	69
9787111702931	新能源汽车整车控制系统检修（彩色版配实训工单）	吴东盛　等	69
9787111701637	新能源汽车动力电池及管理系统检修（彩色版配实训工单）	吴海东　等	59
9787111707165	新能源汽车技术概论（全彩印刷）	赵振宁	55
9787111706717	纯电动汽车构造原理与检修（全彩印刷）	赵振宁	59
9787111587590	纯电动/混合动力汽车结构原理与检修（配实训工单）（全彩印刷）	金希计　吴荣辉	59.9
9787111709565	新能源汽车维护与故障诊断（配实训工单）（全彩印刷）	林康　吴荣辉	59
9787111700524	新能源汽车整车控制系统诊断（双色印刷）	赵振宁	55
9787111699545	智能网联汽车概论（全彩印刷）	吴荣辉　吴论生	59.9
9787111698081	新能源汽车结构原理与检修（全彩印刷）	吴荣辉	65
9787111683056	新能源汽车认知与应用（第2版）（全彩印刷）	吴荣辉　李颖	55
9787111615767	新能源汽车概论（全彩印刷）	张斌　蔡春华	49
9787111644385	新能源汽车电力电子技术（全彩印刷）	冯津　钟永刚	49
9787111684428	新能源汽车高压安全与防护（全彩印刷）	吴荣辉　金朝昆	45
9787111610175	新能源汽车动力电池及充电系统检修（全彩印刷）	许云　赵良红	55
9787111613183	新能源汽车电机驱动系统检修（全彩印刷）	王毅　巩航军	49
9787111613206	新能源汽车辅助系统检修（全彩印刷）	任春晖　李颖	45
9787111646242	新能源汽车维护与故障诊断（全彩印刷）	王强　等	55
9787111670469	新能源汽车结构原理与检修（彩色版）	康杰　等	55
9787111684862	智能网联汽车技术概论（彩色版配视频）	程增木　康杰	55
9787111674559	混合动力汽车结构与检修一体化教程（彩色版）（附赠习题册含工作任务单）	汤茂银	55
9787111678892	汽车构造与原理　（彩色版）	谢伟钢　范盈圻	59
9787111702474	汽车销售基础与实务（全彩印刷）	周瑞丽　冯霞	59
9787111687085	汽车销售实用教程（第2版）（全彩印刷）	林绪东　葛长兴	55
9787111704225	汽车机械基础一体化教程（彩色版配实训工作页）	广东合赢	59
9787111711667	汽车发动机电控系统结构原理与检修（彩色版配实训工单）	李先伟　吴荣辉	59
9787111689218	汽车底盘电控系统原理与检修一体化教程（彩色版）（附实训工作页）	杨智勇　金艳秋　翟静	69
9787111676836	汽车底盘机械系统构造与检修一体化教程（全彩印刷）	杨智勇　黄艳玲　李培军	59
9787111699637	汽车电气设备结构原理与检修（配实训工单）（全彩印刷）	管伟雄　吴荣辉	69

福建省"十四五"职业教育省级规划教材

中等职业教育 汽车专业理实一体化系列教材

电动汽车结构与检修
实训工作页

陈育彬 魏日成 主编

班级：

学号：

姓名：

机械工业出版社
CHINA MACHINE PRESS

C目 录
CONTENTS

技能训练任务 1　电动汽车认知

一、任务导入

　　一辆新能源汽车到店里做常规检查，作为维修技师，你能够介绍这辆新能源汽车的类型以及高压部件的相关内容吗？

二、任务目标

　　（1）提升对电动汽车整车构造知识进行梳理的能力。

　　（2）通过了解电动汽车，能体会到电动汽车的一些共性与创新。

三、任务内容

[任务准备]

　　（1）车辆：混合动力电动汽车 1 辆，纯电动汽车 2 辆。

　　（2）设备：白板、电脑、一体机。

　　（3）资料：教材、实训工单、维修手册及电路图。

　　（4）分组：每组 5~6 人，小组讨论后，由组长按岗位分配人员。

[实施步骤]

　　1. 纯电动汽车高压部件的认知

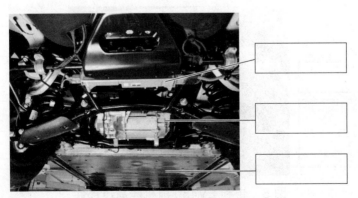

图 1　2021 款大众 ID.4 CROZZ

图2　2021款大众 ID.4 动力电池高压插头

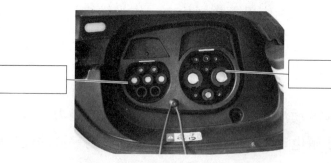

图3　2021款大众 ID.4 充电口

图4　比亚迪 e5 前机舱高压部件

图5　吉利 EV450 前机舱高压部件

部件	安装位置	主要作用
动力电池		
驱动电机		
电机控制器		
高压配电盒		
车载充电机		
DC/DC 变换器		
电动压缩机		
PTC 加热器		

2.混合动力电动汽车的认知

（1）简述轻度混合动力、中度混合动力、重度混合动力之间的共性与区别。

（2）简述混合动力电动汽车的工作模式。

四、任务评价

根据自己在实训中的实际表现进行自我反思：

这节课你掌握了哪些技能？你满意吗？

_____

_____

这节课有哪些问题没有解决？为什么？

_____

_____

实训成绩单

项目	评分标准	分值	评分要求	得分
安全/7S/态度	□ 1. 能进行工位 7S 操作 □ 2. 能确认设备、工具是否正常 □ 3. 能进行高压电安全防护操作 □ 4. 能遵守实训课堂纪律 □ 5. 能进行三不落地操作	13	未完成 1 项扣 3 分，扣分不得超过 13 分	
专业技能	□ 1. 能正确描述大众 ID.4 底盘高压部件（4 分） □ 2. 能正确描述动力电池高压插头部件（6 分） □ 3. 能正确描述充电口高压部件名称（4 分） □ 4. 能正确描述比亚迪 e5 前机舱高压部件（18 分） □ 5. 能正常描述吉利 EV450 前机舱高压部件（16 分） □ 6. 能正确描述动力电池安装位置及作用（3 分） □ 7. 能正确描述驱动电机安装位置及作用（3 分） □ 8. 能正确描述电机控制器安装位置及作用（3 分） □ 9. 能正确描述车载充电机安装位置及作用（3 分） □ 10. 正确描述高压配电盒安装位置及作用（3 分） □ 11. 正确描述 DC/DC 变换器安装位置及作用（3 分） □ 12. 正确描述电动压缩机安装位置及作用（3 分） □ 13. 正确描述 PTC 加热器安装位置及作用（3 分）	72	根据每项所提供的分值进行评分	
资讯获取与分析能力	□ 1. 描述轻、中、重度混合动力的共性与区别 □ 2. 描述混合动力电动汽车的工作模式	10	根据考生答卷的实际情况评分	
自我反思与学习能力	□ 1. 能清晰描述已经掌握的技能 □ 2. 能清晰描述未解决的问题或困惑	5	根据考生答卷的实际情况评分	

得分（满分 100 分）

教师签名：　　　　年　　　月　　　日

技能训练任务 2　高压安全防护

一、任务导入

你是电动汽车售后服务站的一名维修技师，技术主管让你对一辆电动汽车进行高压下电，以保证维修安全。你知道如何进行安全规范的操作吗？

二、任务目标

（1）能够正确使用车间防护工具、设备。

（2）能够正确使用绝缘电阻测试仪。

（3）掌握高压系统维修操作规程。

（4）掌握对高压部分进行绝缘检查和互锁检查的方法。

三、任务内容

［任务准备］

（1）车辆：纯电动汽车 2~4 辆。

（2）个人防护用具：绝缘鞋、绝缘手套、绝缘帽、绝缘服、护目镜等个人防护用具。

（3）高压防护设施：高压警示牌、二氧化碳灭火器、警戒线、绝缘地垫、专用维修工位接地线等车间安全设施。

（4）设备：绝缘工具、绝缘电阻测试仪、放电工装、钳形电流表、白板、电脑、一体机。

（5）资料：教材、实训工单、维修手册及电路图。

（6）分组：每组 5~6 人，小组讨论后，由组长按岗位分配人员。

［实施步骤］

教师示范如何做好新能源汽车维修前的安全防护；以小组为单位，让学生认识并描述新能源汽车高压防护设备。

1. 检查个人防护用具、高压防护设施及设备

序号	名称	数量	清点
1	隔离柱／警戒线	1 套	□已清点
2	高压警示牌	3 个	□已清点
3	绝缘电阻测试仪	1 个	□已清点
4	绝缘工具箱	1 套	□已清点
5	放电工装	1 套	□已清点
6	绝缘胶带	1 卷	□已清点
7	绝缘防尘帽	1 个	□已清点
8	个人防护用具	1 套	□已清点
9	通用组合工具	1 套	□已清点

2. 个人防护用具的检查

图例	检查作业内容
	外观检查：□良好　　□破裂　　　绝缘级别：＿＿级 气密性检查：□良好　　□漏气 最高使用电压：_1500_ V DC　　_1000_ V AC
	外观检查：□良好　　□破裂 验证电压：_10_ kV
	外观检查：□良好　　□破裂
	外观检查：□良好　　□破裂

3. 教师示范高压系统电源的切断步骤，然后以小组为单位分别执行高压系统电源的切断。

4. 高压互锁电路的认知

在下列高压插头中标记出互锁电路

5. 资讯

（1）简述纯电动汽车高压系统电源的切断步骤。

（2）简述高压互锁的作用。

四、任务评价

根据自己在实训中的实际表现进行自我反思：

这节课你掌握了哪些技能？你满意吗？

_____

_____

_____

_____

这节课有哪些问题没有解决？为什么？

_____

_____

_____

_____

实训成绩单

项目	评分标准	分值	评分要求	得分
安全/7S/态度	□ 1. 能进行工位 7S 操作 □ 2. 能确认设备、工具是否正常 □ 3. 能进行高压电安全防护操作 □ 4. 能进行工具清洁、校准、存放操作 □ 5. 能进行三不落地操作	15	未完成 1 项扣 3 分，扣分不得超过 15 分	
专业技能	□ 1. 能正确使用绝缘地垫 □ 2. 能正确穿戴绝缘服 □ 3. 能正确检查绝缘手套的绝缘等级 □ 4. 能正确检查安全头盔、眼镜等部件状态 □ 5. 能正确断开蓄电池负极，并安装防护帽 □ 6. 能正确断开直流母线 □ 7. 能正确检测直流母线上的剩余电压 □ 8. 能正确完成车辆下电操作 □ 9. 能正确完成车辆上电操作 □ 10. 能正确检查高压互锁电路	40	未完成 1 项扣 4 分，扣分不得超过 40 分	
工具及设备的使用能力	□ 1. 能正确使用绝缘地垫 □ 2. 能正确穿戴绝缘服 □ 3. 能正确使用万用表 □ 4. 能正确使用绝缘工具	10	未完成 1 项扣 2.5 分，扣分不得超过 10 分	
资料、信息查询能力	□ 1. 能正确使用维修手册查询资料 □ 2. 能在规定时间内查询所需资料 □ 3. 能正确记录所查询资料章节页码 □ 4. 能正确记录所需维修信息	10	未完成 1 项扣 2.5 分，扣分不得超过 10 分	
数据判读和分析能力	□ 1. 能判断个人防护用具是否正常 □ 2. 能判断高压互锁电路是否正常	10	未完成 1 项扣 5 分，扣分不得超过 10 分	
资讯获取与分析能力	□ 1. 描述纯电动汽车高压系统电源切断步骤 □ 2. 描述高压互锁的作用	10	根据考生答卷的实际情况评分	
自我反思与学习能力	□ 1. 能清晰描述已经掌握的技能 □ 2. 能清晰描述未解决的问题或困惑	5	根据考生答卷的实际情况评分	

得分（满分 100 分）

教师签名：　　　年　　月　　日

技能训练任务 3 动力电池认知与拆装

一、任务导入

4S 店技术主管在接到一辆纯电动汽车故障报修后，判断该车的动力电池组故障，此时需要你作为维修人员协助技术主管，按照规范程序，从车上拆卸动力电池并完成性能检查，请问你能够完成这个任务吗？

二、任务目标

（1）能高效完成动力电池总成外观检查、紧固件检查。

（2）能高效、安全地实现动力电池总成拆装。

（3）能规范地完成动力电池总成的冷却液排放与加注。

三、任务内容

［任务准备］

（1）车辆：纯电动汽车 1 辆。

（2）个人防护用具：绝缘鞋、绝缘手套、绝缘帽、绝缘服、护目镜等个人防护用具。

（3）高压防护设施：高压警示牌、二氧化碳灭火器、警戒线、绝缘地垫、专用维修工位接地线等车间安全设施。

（4）设备：绝缘工具、绝缘电阻测试仪、放电工装、钳形电流表、电池举升车、常用工具、白板、电脑、一体机。

（5）资料：教材、实训工单、维修手册。

［实施步骤］

1. 电动车辆信息记录

品牌		整车型号		生产日期		行驶里程	
驱动电机型号				额定功率			
动力电池额定电压				额定容量			
车辆识别码							

2. 初步检查

查看仪表信息 （上电后）	指示灯名称	状态显示
	READY 指示灯	□ 点亮　　□ 不亮　　□ 点亮后熄灭
	系统故障指示灯	□ 点亮　　□ 不亮　　□ 点亮后熄灭
记录故障信息 （电源管理系统）	故障码查询（清除故障码后再次读取）： □ 无 DTC　　　　　　　　□ 有 DTC	
	故障码信息（清除故障码后再次读取）： 故障码：　　　　说明： 故障码：　　　　说明：	

3. 完成高压系统电源切断后，拆卸动力电池前进行下列测量并记录信息：

记录铭牌信息 （动力电池）	（动力电池）标称电压	＿＿＿＿V
	（动力电池）电池容量	＿＿＿＿A·h
测量高压回路	动力电池包正极与车身之间	实测值：＿＿＿＿V
		标准值：＿＿＿＿V
	动力电池包负极与车身之间	实测值：＿＿＿＿V
		标准值：＿＿＿＿V
检测绝缘电阻	动力电池包正极与壳体之间	实测值：＿＿＿＿MΩ
		标准值：＿＿＿＿MΩ
	动力电池包负极与壳体之间	实测值：＿＿＿＿MΩ
		标准值：＿＿＿＿MΩ
外观检查	动力电池高压插接器	□ 正常　　　□ 异常
	动力电池低压插接器	□ 正常　　　□ 异常
	动力电池箱体	□ 正常　　　□ 异常

4. 安装动力电池并记录下列信息：

紧固力矩	动力电池两侧固定螺栓	＿＿＿＿N·m
	动力电池前部固定螺栓	＿＿＿＿N·m
	动力电池后部固定螺栓	＿＿＿＿N·m
连接状态	动力电池低压插接器	□ 已锁止　　　□ 未锁止
	动力电池高压插接器	□ 已锁止　　　□ 未锁止

5. 性能检验

查看仪表信息 （上电后）	指示灯名称	状态显示		
	READY 指示灯	□点亮	□不亮	□点亮后熄灭
	系统故障指示灯	□点亮	□不亮	□点亮后熄灭
记录故障信息 （电源管理系统）	故障码查询（清除故障码后再次读取）： □无 DTC　　□有 DTC			
	故障码信息（清除故障码后再次读取）： 故障码：　　　　　说明： 故障码：　　　　　说明：			

6. 资讯

简述三元锂电池与磷酸铁锂电池的共性与区别。

四、任务评价

根据自己在实训中的实际表现进行自我反思：

这节课你掌握了哪些技能？你满意吗？

_____

_____

_____

这节课有哪些问题没有解决？为什么？

_____

_____

_____

实训成绩单

项目	评分标准	分值	评分要求	得分
安全/7S/态度	□1.能进行工位7S操作 □2.能确认设备、工具是否正常 □3.能进行高压电安全防护操作 □4.能进行工具清洁、校准、存放操作 □5.能进行三不落地操作	15	未完成1项扣3分,扣分不得超过15分	
专业技能	□1.能正确检查上电后仪表信息 □2.能正确完成高压系统电源切断 □3.能正确检查电池组有无泄漏、磕碰 □4.能正确断开电池低压、高压插头 □5.能正确检测直流母线上的剩余电压 □6.能正确拆装电池组固定螺栓 □7.能正确测量电池绝缘阻值 □8.能正确确定电池组托举位置 □9.能正确安装电池组总成 □10.能正确添加电池冷却液	40	未完成1项扣4分,扣分不得超过40分	
工具及设备的使用能力	□1.能正确使用举升机 □2.能正确使用动力电池举升车 □3.能正确使用万用表 □4.能正确使用绝缘工具	10	未完成1项扣2.5分,扣分不得超过10分	
资料、信息查询能力	□1.能正确使用维修手册查询资料 □2.能正确查询电池组拆装步骤 □3.能正确查询电池组螺栓紧固力矩标准值 □4.能正确记录所需维修信息	10	未完成1项扣2.5分,扣分不得超过10分	
数据判读和分析能力	□1.能判断高压、低压插接器安装是否到位 □2.能判断电池组外观是否正常	10	未完成1项扣5分,扣分不得超过10分	
资讯获取与分析能力	□能正确描述三元锂电池与磷酸铁锂电池的共性与区别	10	根据考生答卷的实际情况评分	
自我反思与学习能力	□1.能清晰描述已经掌握的技能 □2.能清晰描述未解决的问题或困惑	5	根据考生答卷的实际情况评分	

得分(满分100分)

教师签名:　　　年　　月　　日

技能训练任务 4　电池管理器的认知与检修

一、任务导入

一辆纯电动汽车无法上电，你的技术主管初步诊断为动力电池管理器无法与诊断设备通信故障。此时需要你作为维修人员协助技术主管，按照规范程序，对动力电池管理器进行性能检查，请问你能够完成这个任务吗？

二、任务目标

（1）能够读取电池管理器的故障码并进行故障分析。

（2）能够分析电池管理器的数据流。

（3）能够规范完成电池管理器线束及插接器的检查与测量。

三、任务内容

[任务准备]

（1）车辆或实训台架：纯电动汽车 1 辆，已拆卸的动力电池总成 1 个。

（2）个人防护用具：绝缘鞋、绝缘手套、绝缘帽、绝缘服、护目镜等个人防护用具。

（3）高压防护设施：高压警示牌、二氧化碳灭火器、警戒线、绝缘地垫、专用维修工位接地线等车间安全设施。

（4）设备：绝缘工具、常用工具、白板、电脑、一体机。

（5）资料：教材、实训工单、维修手册。

[实施步骤]

1.读取电池管理系统数据流

故障码		故障码诊断程序	第___章___节___页	
参数名称		**检测数据**	**结果判定**	
电池包实际 SOC 值			□正常	□异常
电池组当前总电压			□正常	□异常
动力电池正极继电器当前状态			□正常	□异常
动力电池负极继电器当前状态			□正常	□异常
动力电池预充继电器当前状态			□正常	□异常
高压互锁状态			□正常	□异常
绝缘电阻			□正常	□异常
单体电芯最低电压			□正常	□异常
最低电压单体序号			□正常	□异常
单体电芯最高电压			□正常	□异常
最高电压单体序号			□正常	□异常
单体电芯最高温度			□正常	□异常
最高温度单体序号			□正常	□异常
单体电芯最低温度			□正常	□异常
最低温度单体序号			□正常	□异常

2.动力电池管理器的基本检查

前提条件：完成高压系统电源的切断后，进行动力电池高压线束及低压线束的检查。

序号	测试项目	技术要求	判定	
1	动力电池高压线束插接器	检查插接器是否有退针、倒针、锈蚀和烧蚀情况	□正常	□异常
2	动力电池低压线束插接器	检查插接器是否有退针、倒针、锈蚀和烧蚀情况	□正常	□异常

3. 查询维修手册，记录动力电池管理器的端子针脚信息并检测

（1）电源、搭铁端子第_____章_____节_____页。

针脚	线束颜色	端子说明	标准电压值	实际电压值

（2）CAN 端子信息与检测。

1）CAN 端子信息。

针脚	线束颜色	端子说明	实际电压值	判定
				□正常　□异常
				□正常　□异常
				□正常　□异常
				□正常　□异常

2）CAN 线波形检测。

CAN 名称： CAN 端子信息： 检测工况：未上电□ 电压峰值： 响应时间： 最大信号电压值： 波形判定： 正常□　异常□	波形绘制：

CAN 名称： CAN 端子信息： 检测工况：未上电□ 电压峰值： 响应时间： 最大信号电压值： 波形判定： 正常□　异常□	波形绘制：

4. 资讯

（1）简述电池管理器的作用与安装位置。

（2）简述电池管理器的主要功能。

四、任务评价

根据自己在实训中的实际表现进行自我反思：

这节课你掌握了哪些技能？你满意吗？

_____

_____

_____

这节课有哪些问题没有解决？为什么？

_____

_____

_____

_____

实训成绩单

项目	评分标准	分值	评分要求	得分
安全 /7S/ 态度	□ 1. 能进行工位 7S 操作 □ 2. 能确认设备、工具是否正常 □ 3. 能进行高压电安全防护操作 □ 4. 能进行工具清洁、校准、存放操作 □ 5. 能进行三不落地操作	15	未完成 1 项扣 3 分，扣分不得超过 15 分	
专业 技能	□ 1. 能正确连接汽车故障诊断仪 □ 2. 能正确选择故障车型和模块 □ 3. 能正确读取车辆相关数据流信息 □ 4. 能正确记录并分析电池管理器的数据 □ 5. 能正确检测 BMS 电源电压 □ 6. 能正确检测 BMS 搭铁线路 □ 7. 能正确检测 CAN 通信线的波形 □ 8. 能正确拆装各接插件 □ 9. 能正确做好高压接插件防护 □ 10. 能正确完成车辆上电操作	40	未完成 1 项扣 4 分，扣分不得超过 40 分	
工具及设备 的使用能力	□ 1. 能正确使用举升机 □ 2. 能正确使用万用表 □ 3. 能正确使用示波器 □ 4. 能正确使用绝缘工具	10	未完成 1 项扣 2.5 分，扣分不得超过 10 分	
资料、信息 查询能力	□ 1. 能正确使用维修手册查询资料 □ 2. 能正确查询电池组拆装步骤 □ 3. 能正确查询电池组螺栓紧固力矩标准值 □ 4. 能正确记录所需维修信息	10	未完成 1 项扣 2.5 分，扣分不得超过 10 分	
数据判读和 分析能力	□ 1. 能判断电池管理器参数是否正常 □ 2. 能判断电池管理器 CAN 信号是否正常	10	未完成 1 项扣 5 分，扣分不得超过 10 分	
资讯获取与 分析能力	□ 1. 描述电池管理器的作用与安装位置 □ 2. 描述电池管理器的主要功能	10	根据考生答卷的实际情况评分	
自我反思与 学习能力	□ 1. 能清晰描述已经掌握的技能 □ 2. 能清晰描述未解决的问题或困惑	5	根据考生答卷的实际情况评分	

得分（满分 100 分）

教师签名：　　　年　　　月　　　日

技能训练任务 5　驱动电机的认知与检测

一、任务导入

　　一辆纯电动汽车的驱动电机在运转过程中出现"哧哧"异响故障，你的主管让你检修驱动电机总成，你能够完成这个任务吗？

二、任务目标

　　安全、规范地对驱动电机进行性能检测。

三、任务内容

[任务准备]

　　（1）车辆或实训台架：驱动电机拆装实训台2台。

　　（2）个人防护用具：绝缘鞋、绝缘手套、绝缘帽、绝缘服、护目镜等个人防护用具。

　　（3）高压防护设施：高压警示牌、二氧化碳灭火器、警戒线、绝缘地垫。

　　（4）设备：绝缘工具、绝缘电阻测试仪、放电工装、钳形电流表、常用工具。

　　（5）资料：教材、实训工单、维修手册。

[实施步骤]

1. 驱动电机信息记录

电机型号		最大转矩		最大功率	
防护等级		最高转速		工作电压	

2. 驱动电机总成检测

检查项目	外观				检查结果
驱动电机	□划痕	□破损	□锈蚀	□无	□正常　□异常

3.查阅手册，完成驱动电机冷态绝缘电阻的检测

检查项目	检测标准	检测阻值	结果判定
U-壳体			□正常　□异常
V-壳体			□正常　□异常
W-壳体			□正常　□异常

4.查阅手册，完成驱动电机绕组直流电阻检测

检查项目	检测标准	检测阻值	结果判定
U-V			□正常　□异常
V-W			□正常　□异常
W-U			□正常　□异常

5.驱动电机温度传感器检测（根据实际车型温度传感器的数量填写）

检查项目	检测标准	检测阻值	结果判定
温度传感器1电阻			□正常　□异常
温度传感器2电阻			□正常　□异常
温度传感器3电阻			□正常　□异常

6.资讯

（1）永磁同步电机与交流异步电机的特点有哪些？常见电动汽车的驱动电机是如何布置的？

（2）简述驱动电机拆装过程中的注意事项。

四、任务评价

根据自己在实训中的实际表现进行自我反思：

这节课你掌握了哪些技能？你满意吗？

_____

_____

这节课有哪些问题没有解决？为什么？

_____

_____

实训成绩单

项目	评分标准	分值	评分要求	得分
安全/7S/态度	□ 1. 能进行工位 7S 操作 □ 2. 能确认设备、工具是否正常 □ 3. 能进行高压电安全防护操作 □ 4. 能进行工具清洁、校准、存放操作 □ 5. 能进行三不落地操作	15	未完成 1 项扣 3 分，扣分不得超过 15 分	
专业技能	□ 1. 能正确清洁和干燥驱动电机表面 □ 2. 能正确记录驱动电机类型 □ 3. 能正确进行驱动电机总成外观检查 □ 4. 能正确测量绝缘地垫的绝缘电阻 □ 5. 能正确测量驱动电机冷态绝缘电阻 □ 6. 能正确使用放电工装进行放电操作 □ 7. 能正确完成驱动电机绕组短路检查 □ 8. 能正确完成驱动电机温度传感器检测 □ 9. 能正确做好高压接插件防护 □ 10. 能正确完成车辆上电操作	40	未完成 1 项扣 4 分，扣分不得超过 40 分	
工具及设备的使用能力	□ 1. 能正确使用万用表 □ 2. 能正确使用毫欧表 □ 3. 能正确使用放电工装 □ 4. 能正确使用绝缘工具	10	未完成 1 项扣 2.5 分，扣分不得超过 10 分	
资料、信息查询能力	□ 1. 能正确查询绝缘电阻的标准值 □ 2. 能正确查询电机温度传感器的标准值 □ 3. 能正确查询电机拆装步骤 □ 4. 能正确记录所需维修信息	10	未完成 1 项扣 2.5 分，扣分不得超过 10 分	
数据判读和分析能力	□ 1. 能判断电机绝缘电阻是否正常 □ 2. 能判断温度传感器电阻是否正常	10	未完成 1 项扣 5 分，扣分不得超过 10 分	
资讯获取与分析能力	□ 1. 描述两类驱动电机的特点与布置形式 □ 2. 描述驱动电机拆装过程中的注意事项	10	根据考生答卷的实际情况评分	
自我反思与学习能力	□ 1. 能清晰描述已经掌握的技能 □ 2. 能清晰描述未解决的问题或困惑	5	根据考生答卷的实际情况评分	

得分（满分 100 分）

教师签名：　　年　　月　　日

技能训练任务 6　电机控制系统的检修

一、任务导入

一辆电动汽车无法上电和行驶，你的主管使用诊断仪器读取故障码为：

P0C5200(当前故障)——正弦/余弦输入信号低于电压阈值

P0A2D00（当前故障）——定子温度最小值小于阈值

你作为一名维修技师，接到这个维修任务后，如何开展诊断和维修工作呢？

二、任务目标

（1）能够在实车上找到旋转变压器和温度传感器的电气插头。

（2）能够拆装旋变传感器和温度传感器并检测其性能。

三、任务内容

［任务准备］

（1）车辆或实训台架：纯电动汽车 2 辆。

（2）个人防护用具：绝缘鞋、绝缘手套、绝缘帽、绝缘服、护目镜等个人防护用具。

（3）高压防护设施：高压警示牌、二氧化碳灭火器、警戒线、绝缘地垫、专用维修工位接地线等车间安全设施。

（4）设备：绝缘工具、绝缘电阻测试仪、放电工装、钳形电流表、常用工具。

（5）资料：教材、实训工单、维修手册。

［实施步骤］

在拆装前，应强调安全注意事项以及拆装规范。以小组为单位，让学生动手对驱动电机旋变传感器和温度传感器进行测量。

1. 读取驱动电机系统数据流

故障码		故障码诊断程序	第_____章_____节_____页	
参数名称		**检测数据**	**结果判定**	
驱动电机工作模式命令			□正常 □异常	
档位信号			□正常 □异常	
驱动电机当前旋转方向			□正常 □异常	
直流母线电压			□正常 □异常	
直流母线电流			□正常 □异常	
驱动电机目标转矩命令			□正常 □异常	
驱动电机当前转矩			□正常 □异常	
驱动电机当前转速			□正常 □异常	
A 相 IGBT 模块当前内部温度			□正常 □异常	
C 相 IGBT 模块当前内部温度			□正常 □异常	
MCU 当前散热底板温度			□正常 □异常	
驱动电机当前温度			□正常 □异常	
D 轴电流给定值			□正常 □异常	
D 轴电流反馈值			□正常 □异常	
Q 轴电流给定值			□正常 □异常	
Q 轴电流反馈值			□正常 □异常	
转子位置电角度			□正常 □异常	
转子位置初始角度			□正常 □异常	

2. 驱动电机旋转变压器的检测

旋变传感器电路图	第___章___节___页	旋变插头端子	第___章___节___页
画出旋变传感器 电路简图			

检查项目	检测标准	检测阻值	结果判定
旋转变压器	正弦绕组：		□正常 □异常
	余弦绕组：		□正常 □异常
	励磁绕组：		□正常 □异常
励磁绕组控制电路	拔下插头，测量励磁绕组的供电电压，将点火开关置于"ON"位置，实际电压值为_____。		

3. 驱动电机温度传感器检测（根据实际车型温度传感器的数量填写）

检查项目	检测标准	检测阻值	结果判定
温度传感器 1 电阻			☐正常　☐异常
温度传感器 2 电阻			☐正常　☐异常
温度传感器 3 电阻			☐正常　☐异常

4. 资讯

（1）驱动电机旋变传感器主要有哪些作用？

（2）驱动电机温度传感器主要有哪些作用？

四、任务评价

根据自己在实训中的实际表现进行自我反思：

这节课你掌握了哪些技能？你满意吗？

_____

_____

这节课有哪些问题没有解决？为什么？

_____

_____

实训成绩单

项目	评分标准	分值	评分要求	得分
安全 /7S/ 态度	□ 1. 能进行工位 7S 操作 □ 2. 能确认设备、工具是否正常 □ 3. 能进行高压电安全防护操作 □ 4. 能进行工具清洁、校准、存放操作 □ 5. 能进行三不落地操作	15	未完成 1 项扣 3 分，扣分不得超过 15 分	
专业技能	□ 1. 能正确连接汽车故障诊断仪 □ 2. 能正确选择故障车型和模块 □ 3. 能正确读取电机控制器相关数据流信息 □ 4. 能正确检测旋变传感器的电阻值 □ 5. 能正确检测温度传感器的电阻值 □ 6. 能正确拆装旋变和温控插接器 □ 7. 能正确测量励磁绕组控制电路 □ 8. 能正确描述旋变传感器的作用 □ 9. 能正确描述电机温度传感器的作用 □ 10. 能协助检测驱动电机的性能	40	未完成 1 项扣 4 分，扣分不得超过 40 分	
工具及设备的使用能力	□ 1. 能正确使用诊断仪器 □ 2. 能正确使用万用表 □ 3. 能正确使用毫欧表 □ 4. 能正确使用绝缘工具	10	未完成 1 项扣 2.5 分，扣分不得超过 10 分	
资料、信息查询能力	□ 1. 能正确查询绝缘电阻的标准值 □ 2. 能正确查询电机温度传感器的标准值 □ 3. 能正确查询电机拆装步骤 □ 4. 能正确记录所需维修信息	10	未完成 1 项扣 2.5 分，扣分不得超过 10 分	
数据判读和分析能力	□ 1. 能判断旋变传感器的数值是否正常 □ 2. 能判断温度传感器的数值是否正常	10	未完成 1 项扣 5 分，扣分不得超过 10 分	
资讯获取与分析能力	□ 1. 正确描述驱动电机旋变传感器的作用 □ 2. 正确描述驱动电机温度传感器的作用	10	根据考生答卷的实际情况评分	
自我反思与学习能力	□ 1. 能清晰描述已经掌握的技能 □ 2. 能清晰描述未解决的问题或困惑	5	根据考生答卷的实际情况评分	

得分（满分 100 分）

教师签名： 年 月 日

技能训练任务 7　高压互锁故障的检修

一、任务导入

　　一辆电动汽车的车主在早上准备用车时，发现车辆无法正常上电，组合仪表上整车动力系统故障指示灯点亮。维修技师首先确认车主反映的故障现象，并记录整车上电仪表信息数据。使用诊断仪器读取故障码，发现仪器多个系统可读取到下列故障码：VCU 高压互锁断开（当前故障）。你作为维修技师，能够规范地完成该车故障的排除吗？

二、任务目标

　　（1）能够画出互锁电路的简图。
　　（2）能够规范地测量互锁电路。

三、任务内容

[任务准备]

　　（1）车辆或实训台架：纯电动汽车 2 辆。
　　（2）个人防护用具：绝缘鞋、绝缘手套、绝缘帽、绝缘服、护目镜等个人防护用具。
　　（3）高压防护设施：高压警示牌、二氧化碳灭火器、警戒线、绝缘地垫、专用维修工位接地线等车间安全设施。
　　（4）设备：绝缘工具、常用工具、白板、电脑、一体机。
　　（5）资料：教材、实训工单、维修手册。

[实施步骤]

　　1. 检查高压互锁电路，找出导致高压互锁故障的原因，记录相关信息

故障现象	
故障码	
电路图查询	记录所查询的电路图在维修手册中的位置：第_____页

（续）

画出高压互锁电路示意图		
可能故障原因	□元件本体　□电路线束　□熔丝　□模块 ECU　□其他	
检测项目	检测结果	判断
		□正常　□异常
		□正常　□异常
		□正常　□异常
		□正常　□异常
故障元件		
故障机理分析		

2. 故障修复后，进行上电检查

	指示灯名称	状态显示
查看仪表信息（上电后）	READY 指示灯	□点亮　□不亮　□点亮后熄灭
	系统故障指示灯	□点亮　□不亮　□点亮后熄灭
记录故障信息（整车控制器）	故障码查询（清除故障码后再次读取）：□无 DTC　　　　□有 DTC	
	故障码信息（清除故障码后再次读取）： 故障码：　　　　　说明： 故障码：　　　　　说明：	

3. 资讯

（1）简述电动汽车高压互锁设计的目的。

（2）简述高压互锁的信号特性。

四、任务评价

根据自己在实训中的实际表现进行自我反思：

这节课你掌握了哪些技能？你满意吗？

_____

_____

_____

这节课有哪些问题没有解决？为什么？

_____

_____

实训成绩单

项目	评分标准	分值	评分要求	得分
安全 /7S/ 态度	□ 1. 能进行工位 7S 操作 □ 2. 能确认设备、工具是否正常 □ 3. 能进行高压电安全防护操作 □ 4. 能进行工具清洁、校准、存放操作 □ 5. 能进行三不落地操作	15	未完成 1 项扣 3 分，扣分不得超过 15 分	
专业 技能	□ 1. 能正确连接汽车故障诊断仪 □ 2. 能正确描述故障现象和记录故障码 □ 3. 能正确进行高压系统电源的切断操作 □ 4. 能正确画出高压互锁电路简图 □ 5. 能正确检测高压插头的互锁电路 □ 6. 能根据互锁电路简图正确测量互锁线路 □ 7. 能够规范找出故障元件 □ 8. 能正确对故障原因进行分析 □ 9. 能正确进行上电，验证故障是否排除 □ 10. 能协助检测高压互锁电路	40	未完成 1 项扣 4 分，扣分不得超过 40 分	
工具及设备 的使用能力	□ 1. 能正确使用诊断仪器 □ 2. 能正确使用万用表 □ 3. 能正确使用示波器 □ 4. 能正确使用绝缘工具	10	未完成 1 项扣 2.5 分，扣分不得超过 10 分	
资料、信息 查询能力	□ 1. 能正确查询电路图在维修手册中的位置 □ 2. 能正确查询互锁电路图 □ 3. 能正确画出互锁电路简图 □ 4. 能正确记录所需维修信息	10	未完成 1 项扣 2.5 分，扣分不得超过 10 分	
数据判读和 分析能力	□ 1. 能判断结构互锁电路是否正常 □ 2. 能判断功能互锁电路是否正常	10	未完成 1 项扣 5 分，扣分不得超过 10 分	
资讯获取与 分析能力	□ 1. 正确描述电动汽车高压互锁设计的目的 □ 2. 正确描述高压互锁的信号特性	10	根据考生答卷的实际情况评分	
自我反思与 学习能力	□ 1. 能清晰描述已经掌握的技能 □ 2. 能清晰描述未解决的问题或困惑	5	根据考生答卷的实际情况评分	

得分（满分 100 分）

教师签名：　　　年　　月　　日

技能训练任务 8　整车控制系统的检修

一、任务导入

一辆纯电动汽车无法上电，你的技术主管使用诊断仪器对该车进行检测时，发现仪器无法与整车控制器（VCU）进行通信。作为维修技师，你能够完成接下来的检修任务吗？

二、任务目标

（1）能够分析整车控制器的数据流。

（2）能规范完成整车控制器外部端子的测量。

（3）能够独立排除整车控制器无法通信的故障。

三、任务内容

[任务准备]

（1）车辆或实训台架：纯电动汽车 2 辆。

（2）个人防护用具：绝缘鞋、绝缘手套、绝缘帽、绝缘服、护目镜等个人防护用具。

（3）高压防护设施：高压警示牌、二氧化碳灭火器、警戒线、绝缘地垫、专用维修工位接地线等车间安全设施。

（4）设备：绝缘工具、常用工具、白板、电脑、一体机。

（5）资料：教材、实训工单、维修手册。

[实施步骤]

1. 查询用户（维修）手册，检查仪表警告灯和指示灯的情况

警告灯和指示灯	颜色与含义	警告灯和指示灯	颜色与含义
🔋		READY	
🔋		⚠	

（续）

警告灯和指示灯	颜色与含义	警告灯和指示灯	颜色与含义

2. 检查整车控制器电路，找出导致整车控制器无法通信的故障原因，记录相关信息

故障现象			
故障码			
电路图查询	记录所查询的电路图在维修手册中的位置：第_____页		
	针脚	线束颜色	端子说明
VCU 电源端子信息			
VCU 电源端子信息			
VCU 搭铁端子信息			
VCU 搭铁端子信息			
VCU 总线 CAN 端子			
VCU 总线 CAN 端子			
VCU 总线 CAN 端子			
VCU 总线 CAN 端子			
可能故障原因	□元件本体　□电路线束　□熔丝　□模块 ECU　□其他		
检测项目	检测结果		判断
			□正常　□异常
			□正常　□异常
			□正常　□异常
			□正常　□异常
CAN 终端电阻测量			□正常　□异常
CAN-H 波形测量			□正常　□异常
CAN-L 波形测量			□正常　□异常
故障元件			
故障机理分析			

3.故障修复后，读取整车控制器的数据流

故障码		故障码诊断程序	第___章___节___页
参数名称		检测数据	结果判定
			□正常　□异常
			□正常　□异常
			□正常　□异常
			□正常　□异常
			□正常　□异常
			□正常　□异常
			□正常　□异常
			□正常　□异常
			□正常　□异常

4.资讯

（1）简述整车控制器的主要功能与安装位置。

（2）简述加速踏板位置传感器的作用与检查方法。

四、任务评价

根据自己在实训中的实际表现进行自我反思：

这节课你掌握了哪些技能？你满意吗？

_____

_____

_____

这节课有哪些问题没有解决？为什么？

_____

_____

_____

实训成绩单

项目	评分标准	分值	评分要求	得分
安全 /7S/ 态度	☐ 1. 能进行工位 7S 操作 ☐ 2. 能确认设备、工具是否正常 ☐ 3. 能进行高压电安全防护操作 ☐ 4. 能进行工具清洁、校准、存放操作 ☐ 5. 能进行三不落地操作	15	未完成 1 项扣 3 分，扣分不得超过 15 分	
专业 技能	☐ 1. 能正确描述仪表警告灯和指示灯（10分） ☐ 2. 能正确描述故障现象和记录故障码（4分） ☐ 3. 能正确连接汽车故障诊断仪（2分） ☐ 4. 能正确查询 VCU 电源端子信息（2分） ☐ 5. 能正确查询 VCU 搭铁端子信息（2分） ☐ 6. 能正确查询 VCU CAN 总线端子信息（2分） ☐ 7. 能正确测量 CAN 总线波形（4分） ☐ 8. 能够规范找出故障元件（4分） ☐ 9. 能正确对故障原因进行分析（4分） ☐ 10. 能正确进行上电，验证故障是否排除（4分） ☐ 11. 能读取并记录整车控制器的数据流（2分）	40	根据每项的配分情况进行打分	
工具及设备 的使用能力	☐ 1. 能正确使用诊断仪器 ☐ 2. 能正确使用万用表 ☐ 3. 能正确使用示波器 ☐ 4. 能正确使用绝缘工具	10	未完成 1 项扣 2.5 分，扣分不得超过 10 分	
资料、信息 查询能力	☐ 1. 能正确查询电路图在维修手册中的位置 ☐ 2. 能正确查询整车控制器供电端子信息 ☐ 3. 能正确查询整车控制器搭铁端子信息 ☐ 4. 能正确查询整车控制器 CAN 总线端子信息	10	未完成 1 项扣 2.5 分，扣分不得超过 10 分	
数据判读和 分析能力	☐ 1. 能判断 VCU CAN 总线波形是否正常 ☐ 2. 能判断 VCU 数据流是否正常	10	未完成 1 项扣 5 分，扣分不得超过 10 分	
资讯获取与 分析能力	☐ 1. 正确描述整车控制器的作用与安装位置 ☐ 2. 正确描述加速踏板位置传感器的作用与检查方法	10	根据考生答卷的实际情况评分	
自我反思与 学习能力	☐ 1. 能清晰描述已经掌握的技能 ☐ 2. 能清晰描述未解决的问题或困惑	5	根据考生答卷的实际情况评分	

得分（满分 100 分）

教师签名： 年 月 日

技能训练任务 9　充电系统认知与检测

一、任务导入

一辆纯电动汽车无法使用家用充电连接器进行充电，你的技术主管通过诊断确认车载充电机损坏。请问你能规范地完成车载充电机的更换吗？

二、任务目标

（1）能够在车上识别出充电系统的主要部件。

（2）能够进行直流充电口和交流充电口的检测。

三、任务内容

［任务准备］

（1）车辆或实训台架：纯电动汽车 2 辆。

（2）个人防护用具：绝缘鞋、绝缘手套、绝缘帽、绝缘服、护目镜等个人防护用具。

（3）高压防护设施：高压警示牌、二氧化碳灭火器、警戒线、绝缘地垫、专用维修工位接地线等车间安全设施。

（4）设备：绝缘工具、绝缘电阻测试仪、放电工装、钳形电流表、常用工具。

（5）资料：教材、实训工单、维修手册。

［实施步骤］

1. 充电口端子信息查询

（1）交流充电口端子信息：查询维修手册和电路图后进行填写。

画出交流充电口针脚端视图	针脚	线束颜色	端子说明
	CP		
	CC		
	N		
	PE		
	L1		
	L2	空	空
	L3	空	空

（2）直流充电口端子信息：查询维修手册和电路图后进行填写。

画出直流充电口针脚端视图	针脚	线束颜色	端子说明
	S+		
	S-		
	CC1		
	CC2		
	DC+		
	DC-		
	PE		
	A+		
	A1		

2. 充电口线束检测

交流充电连接确认 CC	第___章___节___页	直流充电连接确认 CC1	第___章___节___页
检测项目	交流充电口 CC-PE 电压	直流充电口 CC1-PE 电阻	
线束颜色			
标准电压值		标准电阻值	
实测电压值	休眠时测量： 唤醒时测量：	实测电阻值	
判定	□正常　□异常	□正常　□异常	

3. 充电口绝缘性检测

检测项目	检测端子	绝缘电阻测试仪测试电压	标准电阻值	实测电阻值	结果判定
交流充电口	L_PE				☐正常 ☐异常
	N_PE				☐正常 ☐异常
直流充电口	DC+_PE				☐正常 ☐异常
	DC−_PE				☐正常 ☐异常

4. 资讯

（1）简述交流充电系统的主要部件。

（2）简述车载充电机的作用与工作原理。

四、任务评价

根据自己在实训中的实际表现进行自我反思：

这节课你掌握了哪些技能？你满意吗？

_____

_____

_____

这节课有哪些问题没有解决？为什么？

_____

_____

_____

实训成绩单

项目	评分标准	分值	评分要求	得分
安全 /7S/ 态度	☐ 1. 能进行工位 7S 操作 ☐ 2. 能确认设备、工具是否正常 ☐ 3. 能进行高压电安全防护操作 ☐ 4. 能进行工具清洁、校准、存放操作 ☐ 5. 能进行三不落地操作	15	未完成 1 项扣 3 分， 扣分不得超 过 15 分	
专业 技能	☐ 1. 正确画出交流充电口针脚端视图（5 分） ☐ 2. 正确填写交流充电口针脚颜色及含义（5 分） ☐ 3. 正确画出直流充电口针脚端视图（5 分） ☐ 4. 正确填写直流充电口针脚颜色及含义（9 分） ☐ 5. 正确测量交流充电连接确认 CC 电压（3 分） ☐ 6. 断开蓄电池负极后，正确测量直流充电连接 　　确认 CC1 电阻（3 分） ☐ 7. 能正确选择绝缘电阻测试仪 1000V 档位（2 分） ☐ 8. 能正常测量交流充电口绝缘电阻值（3 分） ☐ 9. 能正确测量直流充电口绝缘电阻值（3 分） ☐ 10. 能正确进行高压系统电源切断操作（2 分）	40	根据每项 的配分情况 进行打分	
工具及设备 的使用能力	☐ 1. 能正确使用诊断仪器 ☐ 2. 能正确使用万用表 ☐ 3. 能正确使用绝缘电阻测试仪 ☐ 4. 能正确使用绝缘工具	10	未完成 1 项扣 2.5 分， 扣分不得超 过 10 分	
资料、信息 查询能力	☐ 1. 能正确查询电路图在维修手册中的位置 ☐ 2. 能正确查询交流充电口端子信息 ☐ 3. 能正确查询直流充电口端子信息 ☐ 4. 能正确查询充电连接 CC 和 CC1 端子信息	10	未完成 1 项扣 2.5 分， 扣分不得超 过 10 分	
数据判读和 分析能力	☐ 1. 能判断充电连接确认信号是否正常 ☐ 2. 能判断充电口绝缘性是否正常	10	未完成 1 项扣 5 分， 扣分不得超 过 10 分	
资讯获取与 分析能力	☐ 1. 正确描述交流充电系统的主要部件 ☐ 2. 正确描述车载充电机的作用与工作原理	10	根据考生 答卷的实际 情况评分	
自我反思与 学习能力	☐ 1. 能清晰描述已经掌握的技能 ☐ 2. 能清晰描述未解决的问题或困惑	5	根据考生 答卷的实际 情况评分	

得分（满分 100 分）

教师签名：　　年　月　日

技能训练任务 10　　电动空调压缩机的检修

一、任务导入

　　一辆纯电动汽车空调不制冷，维修技师通过制冷剂压力表检查空调系统的高压、低压管路压力，确认电动空调压缩机不工作。请问你能否规范地完成电动空调压缩机的检测？

二、任务目标

　　（1）能够检测并判断空调系统高压、低压管路压力是否正常。
　　（2）能正确进行电动空调压缩机的绝缘电阻测试。
　　（3）能正确进行电动空调压缩机高压和低压线束及接插件的检查。

三、任务内容

［任务准备］

　　（1）车辆或实训台架：纯电动汽车 2 辆。
　　（2）个人防护用具：绝缘鞋、绝缘手套、绝缘帽、绝缘服、护目镜等个人防护用具。
　　（3）高压防护设施：高压警示牌、二氧化碳灭火器、警戒线、绝缘地垫、专用维修工位接地线等车间安全设施。
　　（4）设备：绝缘工具、绝缘电阻测试仪、放电工装、钳形电流表、常用工具、白板、电脑、一体机。
　　（5）资料：教材、实训工单、维修手册。

［实施步骤］

　　1. 检查电动压缩机电路，找出导致电动压缩机不工作的故障原因，记录相关信息

故障现象				
故障码				
制冷剂压力	检查条件	高压 /bar	低压 /bar	判断
	静态			□正常　□异常
	动态			□正常　□异常
数据流分析				
电路图查询	记录所查询的电路图在维修手册中的位置：第_____页			

画出电动压缩机插头针脚端视图	针脚	线束颜色	端子说明
	1		
	2		
	3		
	4		
	5		
	6		
	7		

可能故障原因	□元件本体　□电路线束　□熔丝　□模块 ECU　□其他	
检测项目	检测结果	判断
		□正常　□异常
		□正常　□异常
		□正常　□异常
		□正常　□异常
		□正常　□异常
□ LIN □ CAN 波形		□正常　□异常

空调压缩机高压电路、互锁及绝缘电阻测量	测量项目	测量值（需先进行高压系统电源切断作业）	判断
	压缩机 DC+ 至 PDU		□正常　□异常
	压缩机 DC− 至 PDU		□正常　□异常
	互锁电路		□正常　□异常
	绝缘电阻		□正常　□异常

故障元件	
故障机理分析	

2. 资讯

简述电动空调压缩机的内部结构与工作原理。

四、任务评价

根据自己在实训中的实际表现进行自我反思：

这节课你掌握了哪些技能？你满意吗？

_____

_____

_____

_____

这节课有哪些问题没有解决？为什么？

_____

_____

_____

_____

实训成绩单

项目	评分标准	分值	评分要求	得分
安全 /7S/ 态度	□ 1. 能进行工位 7S 操作 □ 2. 能确认设备、工具是否正常 □ 3. 能进行高压电安全防护操作 □ 4. 能进行工具清洁、校准、存放操作 □ 5. 能进行三不落地操作	15	未完成 1 项扣 3 分，扣分不得超过 15 分	
专业技能	□ 1. 正确确认故障现象并记录信息（3 分） □ 2. 正确连接诊断仪器并选择相应模块（3 分） □ 3. 正确读取故障码并记录信息（3 分） □ 4. 正确测试制冷剂高压、低压压力（3 分） □ 5. 正确记录相关数据流并进行分析（3 分） □ 6. 正确测量 LIN 或 CAN 波形（3 分） □ 7. 正确测量压缩机绝缘电阻（3 分） □ 8. 正确填写压缩机低压插头说明（7 分） □ 9. 能规范找出故障元件并记录信息（3 分） □ 10. 能正确进行故障机理分析（5 分） □ 11. 能正确进行高压系统电源切断操作（4 分）	40	根据每项的配分情况进行打分	
工具及设备的使用能力	□ 1. 能正确使用诊断仪器 □ 2. 能正确使用万用表 □ 3. 能正确使用绝缘电阻测试仪 □ 4. 能正确使用制冷剂压力表	10	未完成 1 项扣 2.5 分，扣分不得超过 10 分	
资料、信息查询能力	□ 1. 能正确查询电路图在维修手册中的位置（2 分） □ 2. 能正确画出压缩机低压插头端视图（4 分） □ 3. 能正确查询故障码信息（4 分）	10	根据每项的配分情况进行打分	
数据判读和分析能力	□ 1. 能判断制冷剂压力是否正常 □ 2. 能判断压缩机绝缘电阻是否正常	10	未完成 1 项扣 5 分，扣分不得超过 10 分	
资讯获取与分析能力	□正确描述电动压缩机的内部结构与工作原理	10	根据考生答卷的实际情况评分	
自我反思与学习能力	□ 1. 能清晰描述已经掌握的技能 □ 2. 能清晰描述未解决的问题或困惑	5	根据考生答卷的实际情况评分	

得分（满分 100 分）

教师签名：　　　年　　月　　日